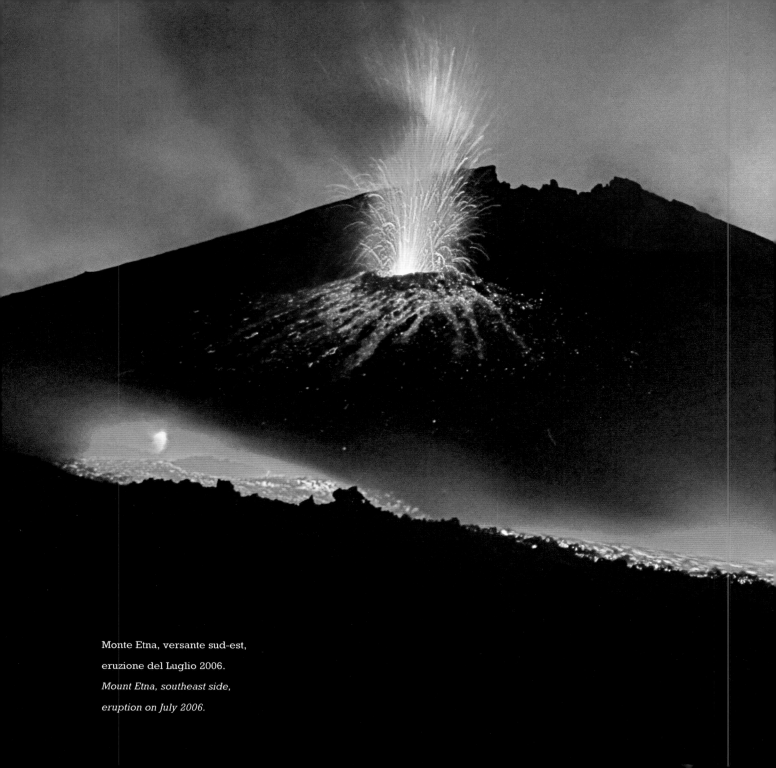

Monte Etna, versante sud-est,
eruzione del Luglio 2006.
*Mount Etna, southeast side,
eruption on July 2006.*

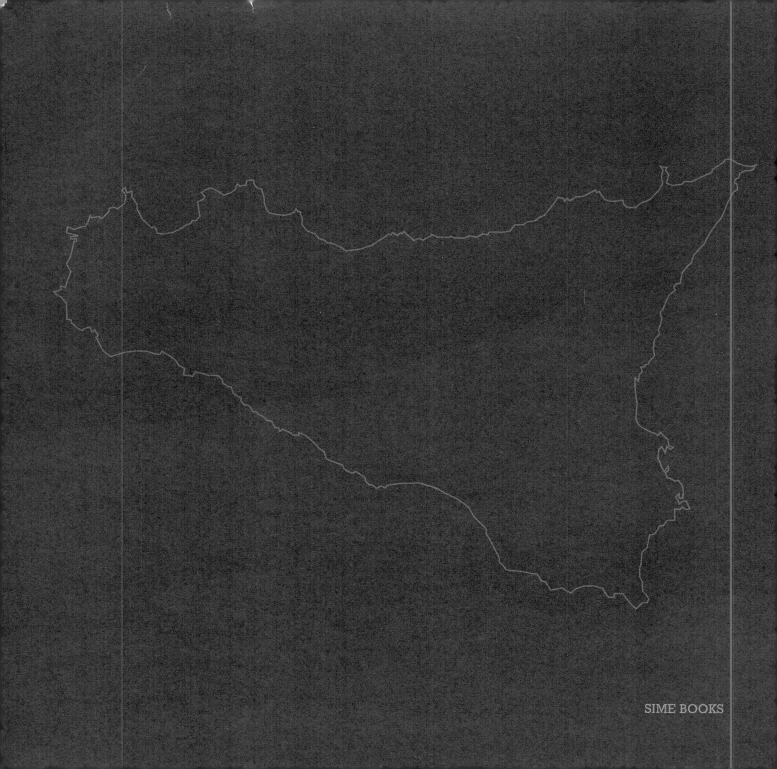

SIME BOOKS

Fotografie

Alessandro Saffo

Testo

Luisa Taliento

L'Isola - The Island Sicilia

un cuore di fuoco a heart of fire 15

storie di paladini stories of knights 29

tra i vigneti di bacco in the vineyards of bacchus 35

ellenico splendore hellenic splendor 47

gente di trinacria people of trinacria 61

design eoliano aeolian design 73

mare nostrum mare nostrum 87

in rotta verso l'africa en route to africa 99

le sante passioni holy passions 111

intarsi barocchi baroque inlaid work 123

la costa delle meraviglie the coast of wonders 137

nella terra di polifemo in the land of polyphemus 151

antico borgo nel blu ancient village in the blue 167

sapori di strada street aromas 177

palermo, la nobile noble palermo 191

sale e sole salt and sun 205

un mosaico di storie a mosaic of histories 217

l'onda che abbraccia la pietra waves embracing stone 227

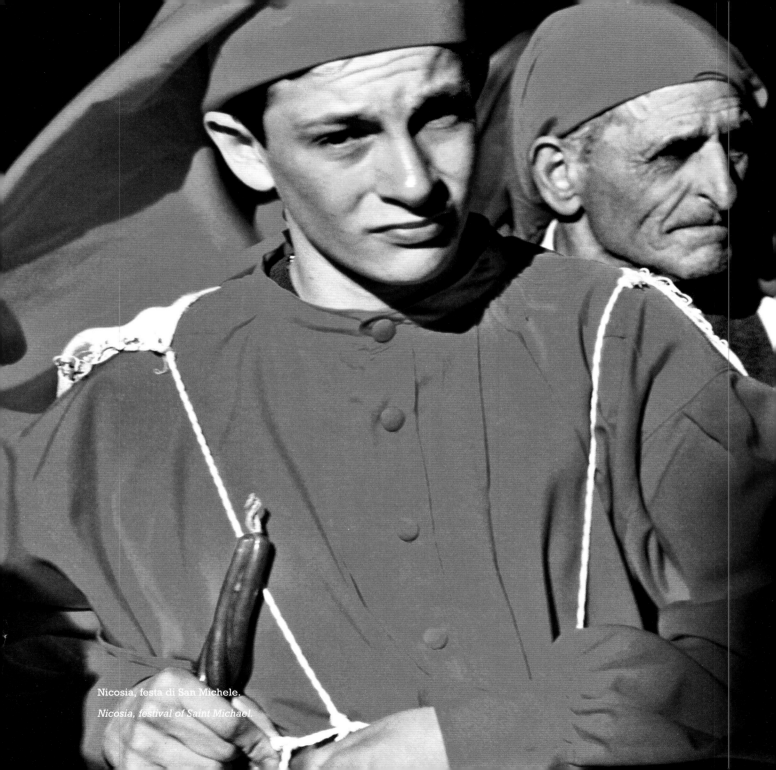

Nicosia, festa di San Michele.

Nicosia, festival of Saint Michael.

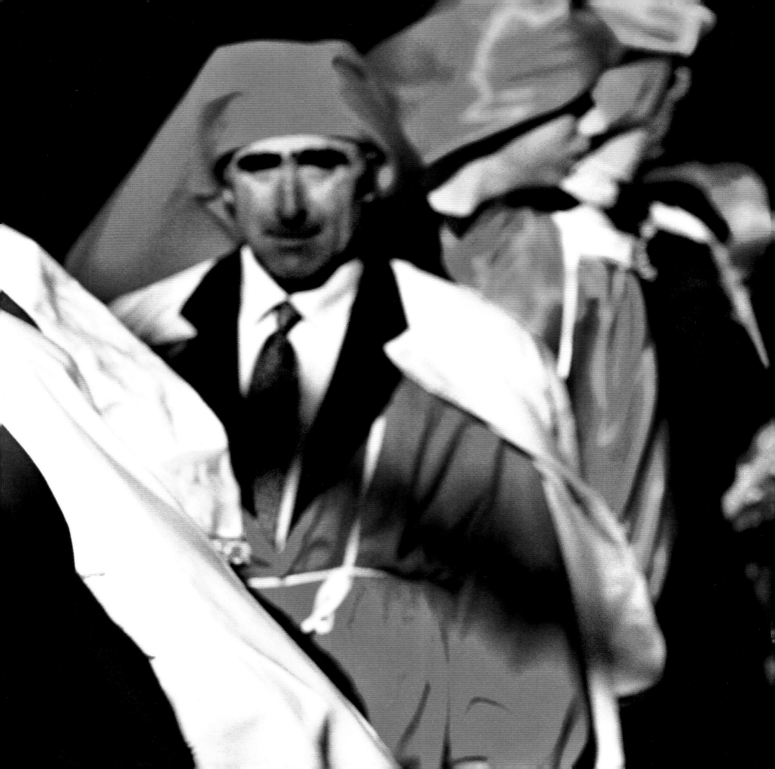

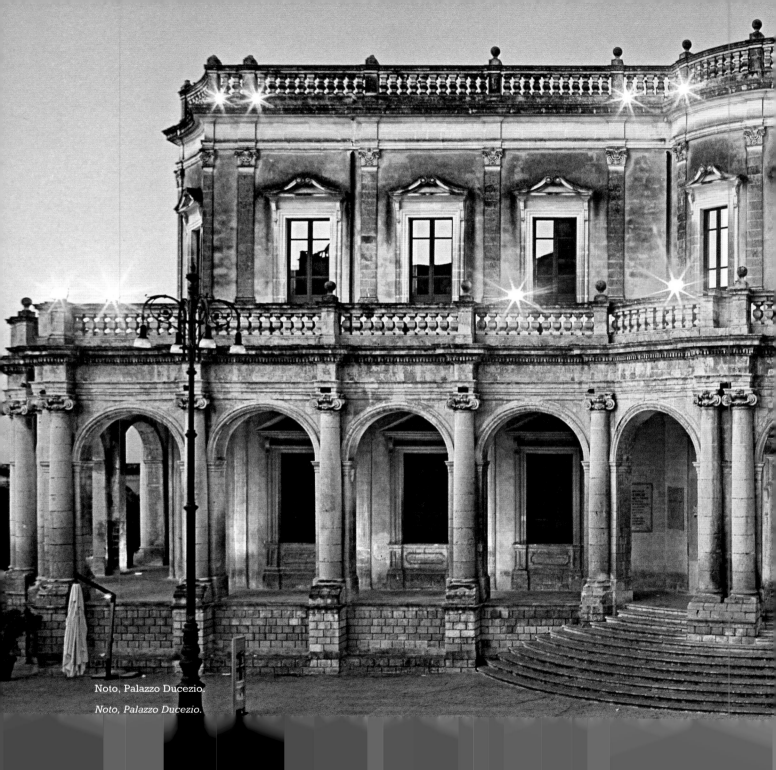

Noto, Palazzo Ducezio.

Noto, Palazzo Ducezio.

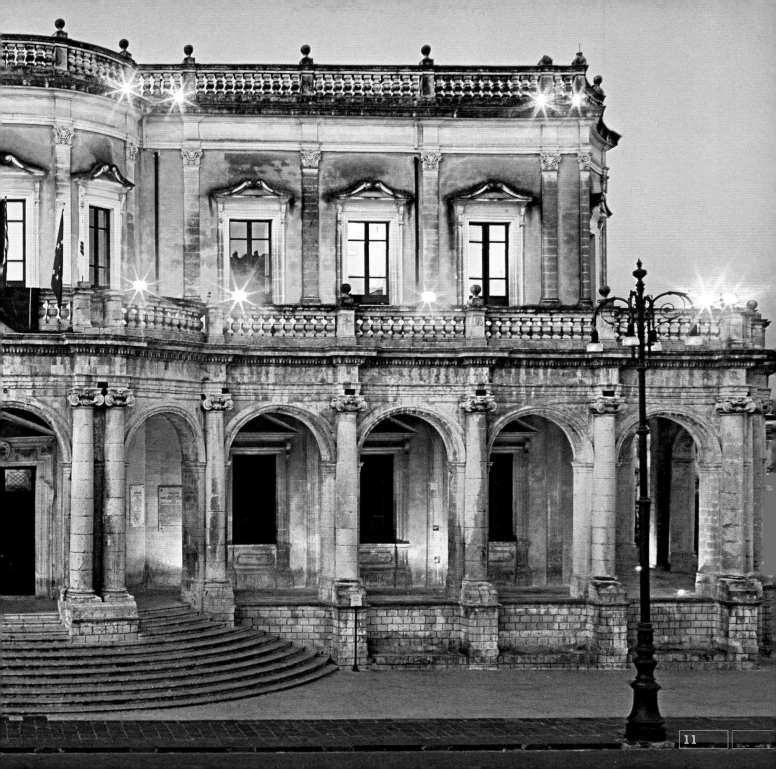

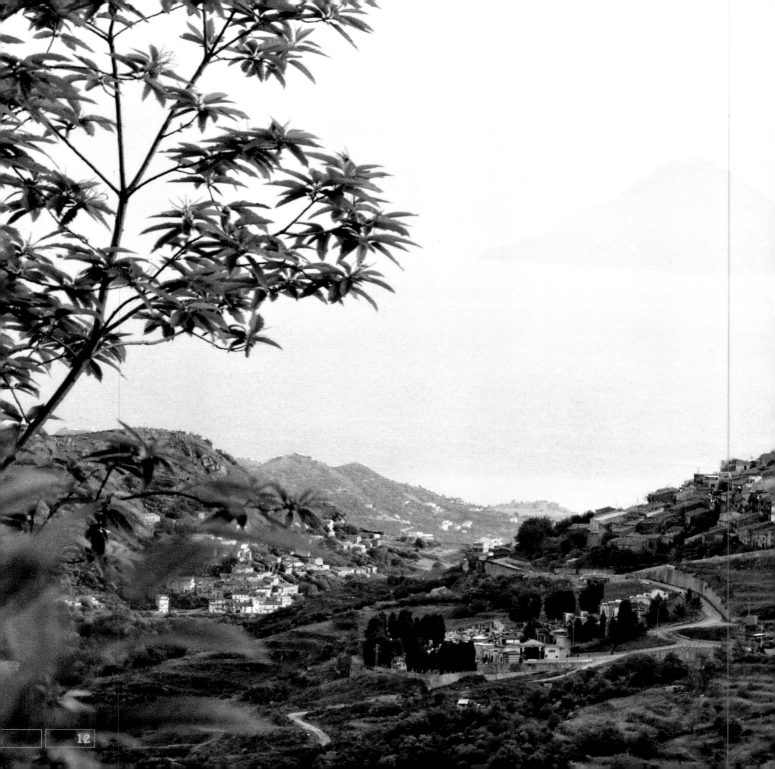

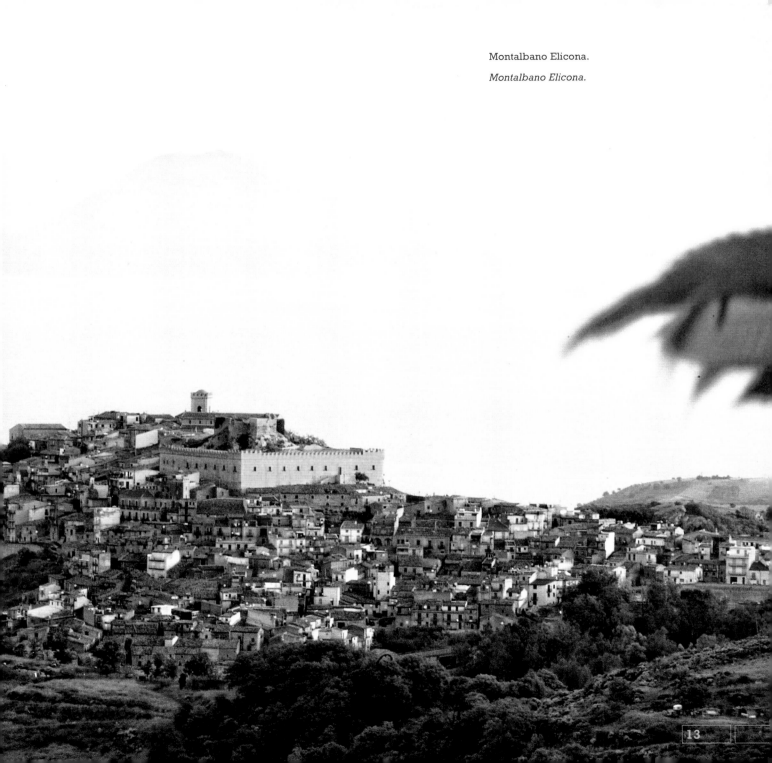

Montalbano Elicona.

Montalbano Elicona.

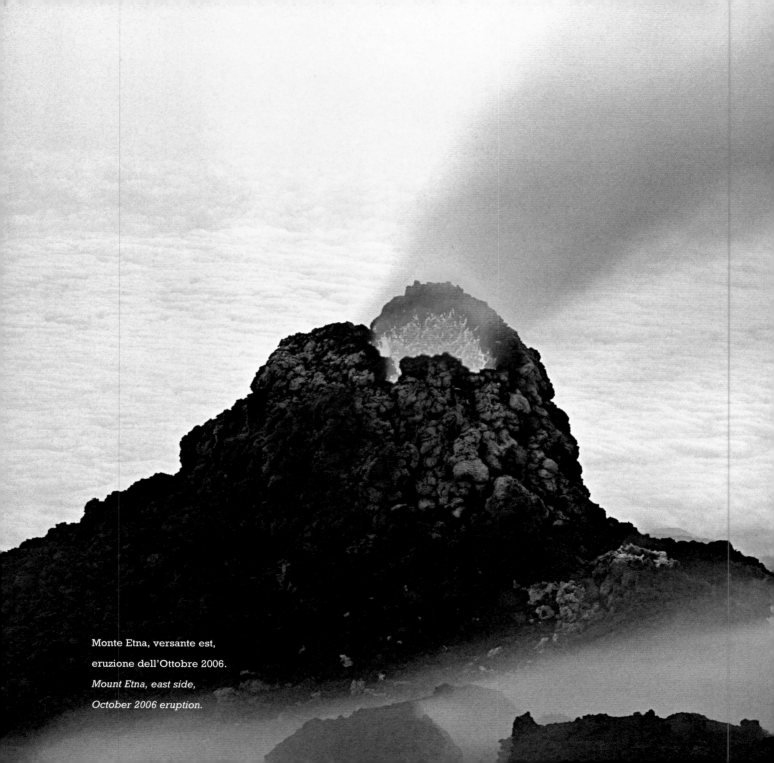

Monte Etna, versante est,
eruzione dell'Ottobre 2006.
Mount Etna, east side,
October 2006 eruption.

estate e inverno sull'etna, il vulcano attivo
più alto d'europa

un cuore di fuoco a heart of fire

summer and winter on mount etna, europe's
highest active volcano

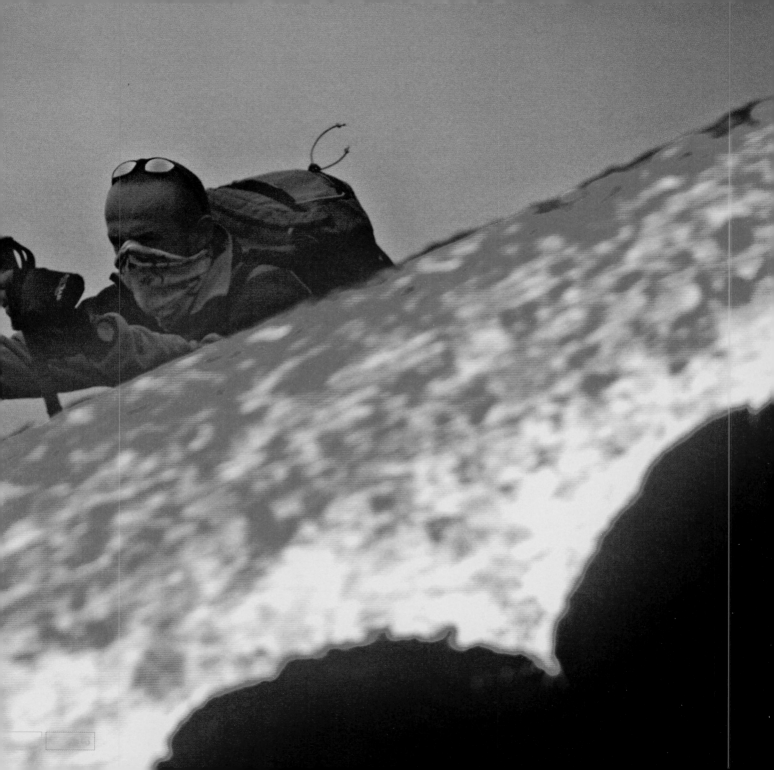

Mi hanno detto che per capire quest'isola bisogna andare in cima al vulcano, calpestarne la roccia dura. Con le mie scarpe da trekking inizio dunque a salire. Mi accompagna Giuseppe, una guida di 27 anni, laureato in scienze forestali e fiero della sua terra. Il profumo della macchia mediterranea è nell'aria. Giuseppe mi fa notare come cambia l'ambiente: alle quote basse, tra i boschi, si possono fare incontri con volpi, gatti selvatici, istrici, donnole. Poi appaiono rocce scure punteggiate dai colori delle ginestre, dei fiori di cerastio, delle violette. Saliamo ancora e, intorno alla vetta, il susseguirsi delle eruzioni ha creato uno straordinario scenario lunare, fatto di crateri profondi, pinnacoli e lingue di roccia. Mi fermo a respirare questo silenzio. La bocca del vulcano è lì sopra, minacciosa. >> pag. 23

It has been said that if you want to understand the island of Sicily at all, you must climb the volcano, to tread the hard rock for yourself. So, on with the hiking boots and I begin my climb. I'm accompanied by Giuseppe, a 27 year-old guide with a degree in forestry and great pride in the land of his birth. The scent of Mediterranean vegetation fills the air. Giuseppe points out the changes in habitat: at low altitude, in the woods, you might encounter foxes, wild cats, porcupines and weasels. Then dark rocks begin to appear, mottled with the colours of flowers of broom, snow-in-summer and violets. We keep climbing and near the summit succeeding eruptions have created an extraordinary lunar landscape; deep craters, pinnacles and tongues of rock. I stop to breathe in the immense silence. The mouth of the volcano is above us, a brooding threat. >> page 23

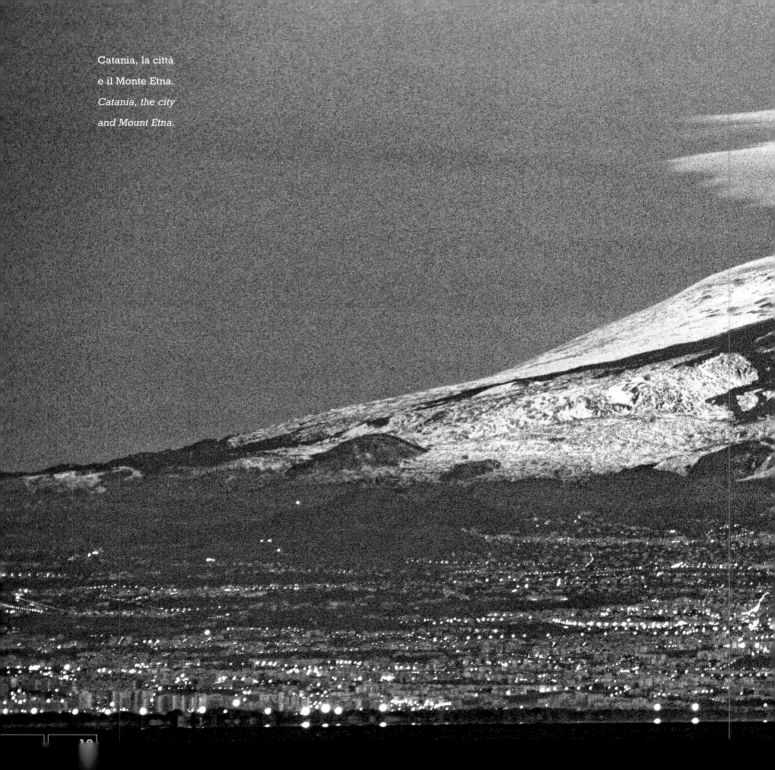

Catania, la città
e il Monte Etna.
*Catania, the city
and Mount Etna.*

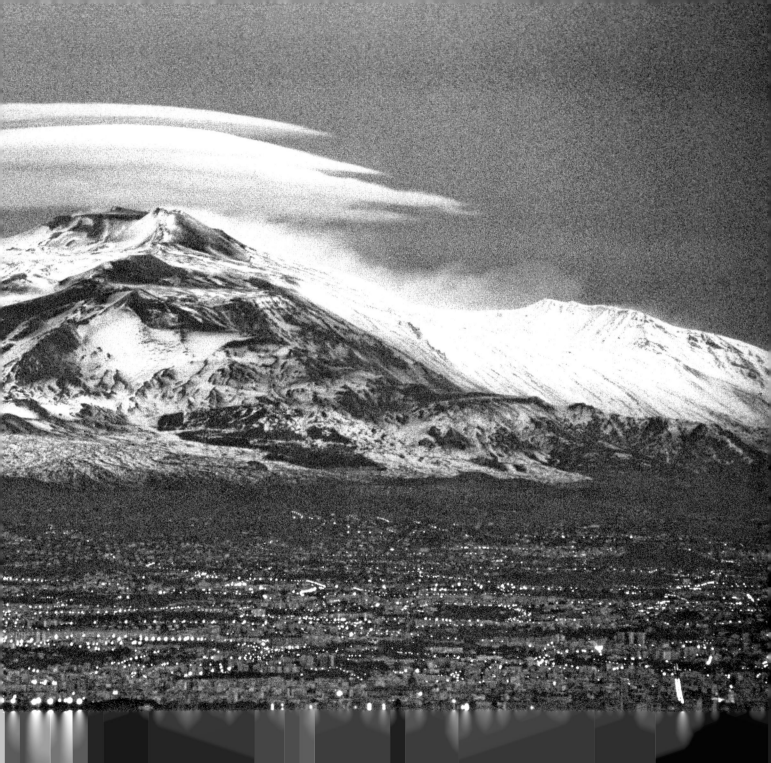

Nella cartina del parco protetto dell'Etna è segnata una ragnatela di sentieri. I più semplici, come quello del Monte Nero degli Zappini, si snodano alle quote più basse. Io, anche se è più faticosa, voglio provare l'ascesa al Monte Zoccolaro. All'inizio si attraversa un boschetto di pioppi, poi alberi di castagno, grandi arbusti di rosa canina e tanta ginestra. La salita è a tratti ripidissima e dopo un'ora e mezza di cammino si apre davanti a me un paesaggio mozzafiato sulla Valle del Bove, un anfiteatro naturale che racconta la storia geologica del vulcano. D'inverno, sotto la coltre bianca, l'Etna diventa una meta amata anche da sciatori e scialpinisti. Qui nel cuore del Mediterraneo, l'emozione di sciare su un cuore di fuoco vivo, che si affaccia sul mare, è unica al mondo.

SPORT BETWEEN THE SEA AND SKY

A network of paths is marked on the map of the Parco dell'Etna. The easiest ones, such as the path on the Monte Nero degli Zappini, wind their way through the lower slopes. Although it will be a tougher route, I want to try to climb Monte Zoccolaro. At first the path wends its way through woods of poplar, then chestnut trees, great shrubs of sweet-briar and lots of broom. At times the climb is extremely steep but after an hour-and-a-half of walking, a breathtaking vista opens up before me overlooking the Valle del Bove, a natural amphitheatre that recalls the geological history of the volcano. In wintertime, cloaked in a white blanket, Etna becomes a favourite destination for alpine skiing and ski touring. Here, in the centre of the Mediterranean, it is an extraordinary feeling to know you are skiing on top of a heart of living fire, all the while looking out over the sea. Truly, it is a thrill of a lifetime.

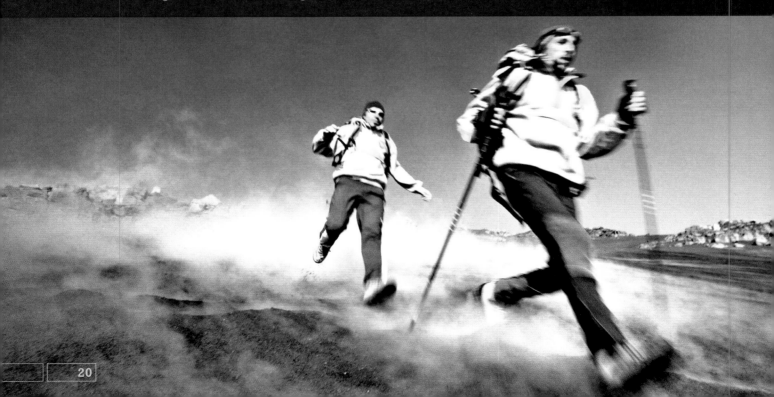

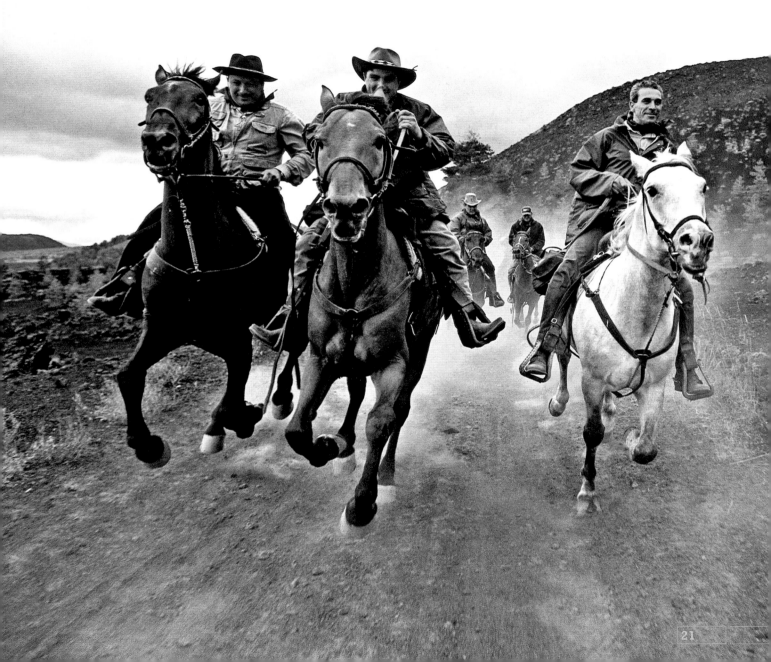

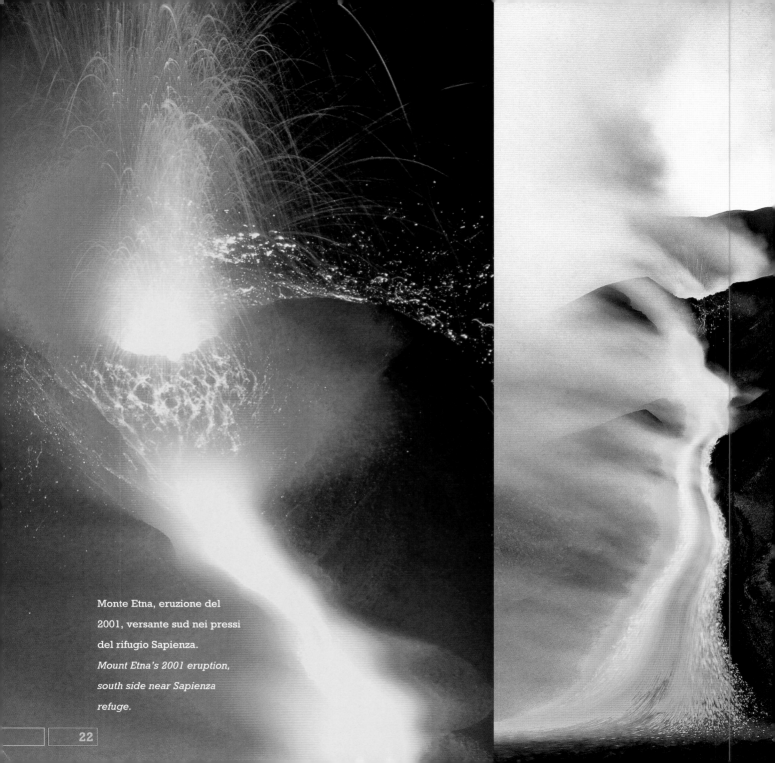

Monte Etna, eruzione del 2001, versante sud nei pressi del rifugio Sapienza.

Mount Etna's 2001 eruption, south side near Sapienza refuge.

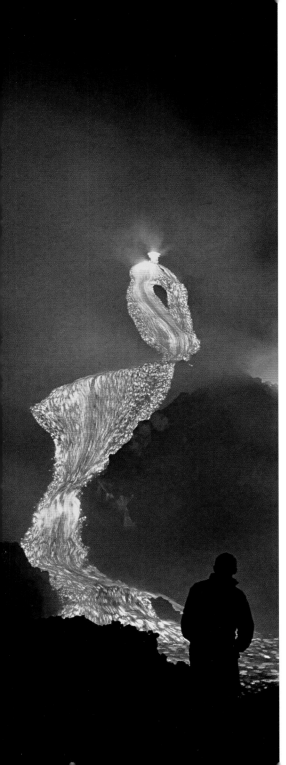

<< pag. 17 Nel 1669 un immenso fiume di magma arrivò a distruggere in parte Catania. Ma l'Etna ruggisce spesso ancora oggi con spettacolari eruzioni: dalle bocche zampillano altissime fontane di lava, dalle viscere della terra escono colate incandescenti, fumo e cenere s'innalzano tra i boati come nuvole di un temporale. Poi il gigante torna a sonnecchiare. In inverno lo si può vedere sotto una candida coltre di neve che lo ricopre quasi a tenerlo tranquillo. Il freddo resta fuori e il caldo dentro.

<< page 17 *In 1669 an enormous river of magma almost destroyed the city of Catania completely. To this day, Etna still roars with spectacular eruptions: high fountains of lava gush from its craters, incandescent flows pour forth from the bowels of the earth, smoke and ash rises to form towering clouds like a mighty thunderstorm. And then the giant subsides and gets back to his nap. During the winter he can be seen beneath a white blanket of snow that smothers him as if to keep him calm. The outer layer is ice cold: the furnace all hidden within.*

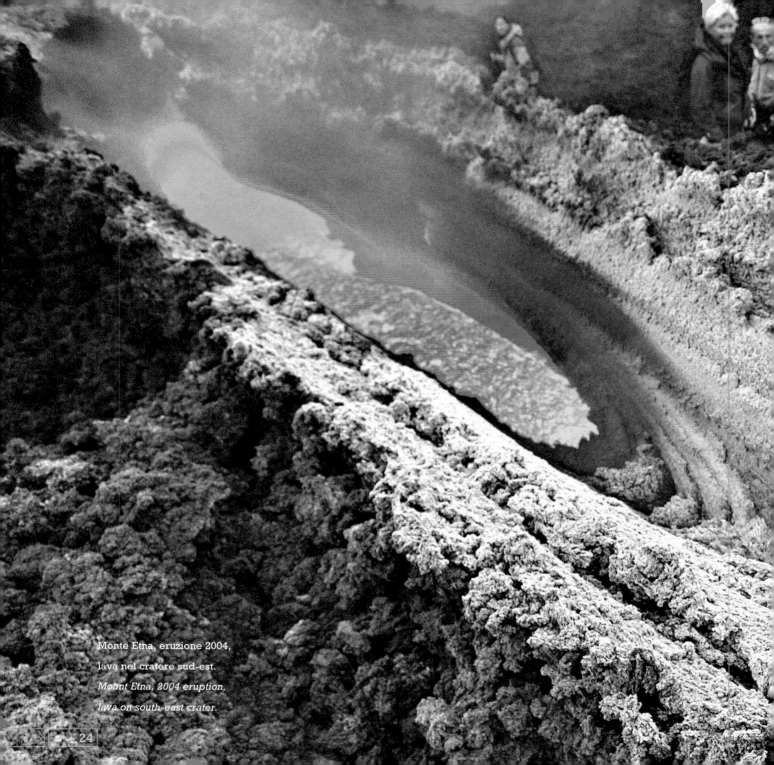

Monte Etna, eruzione 2004,
lava nel cratere sud-est.
Mount Etna, 2004 eruption,
lava on south-east crater.

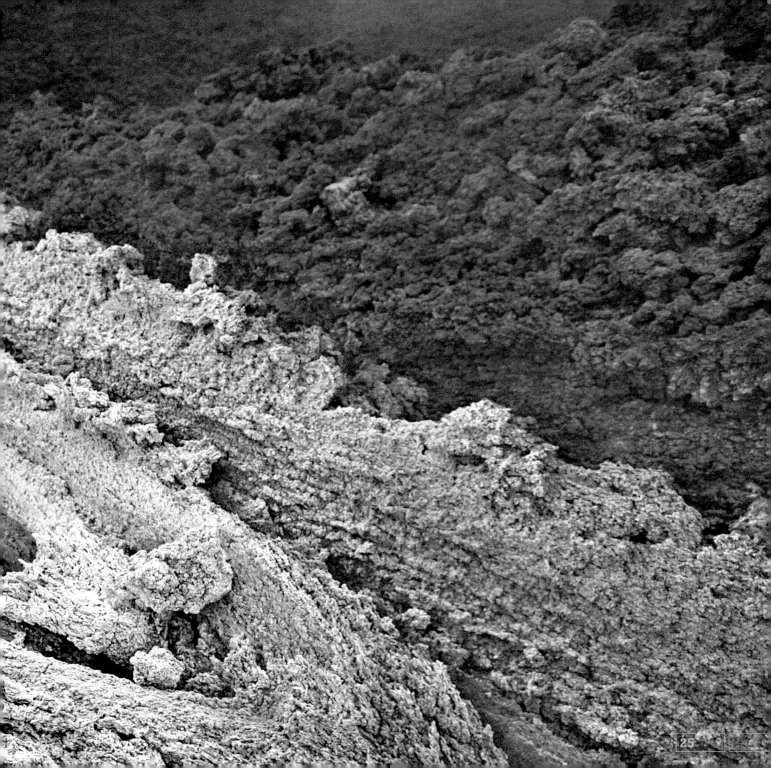

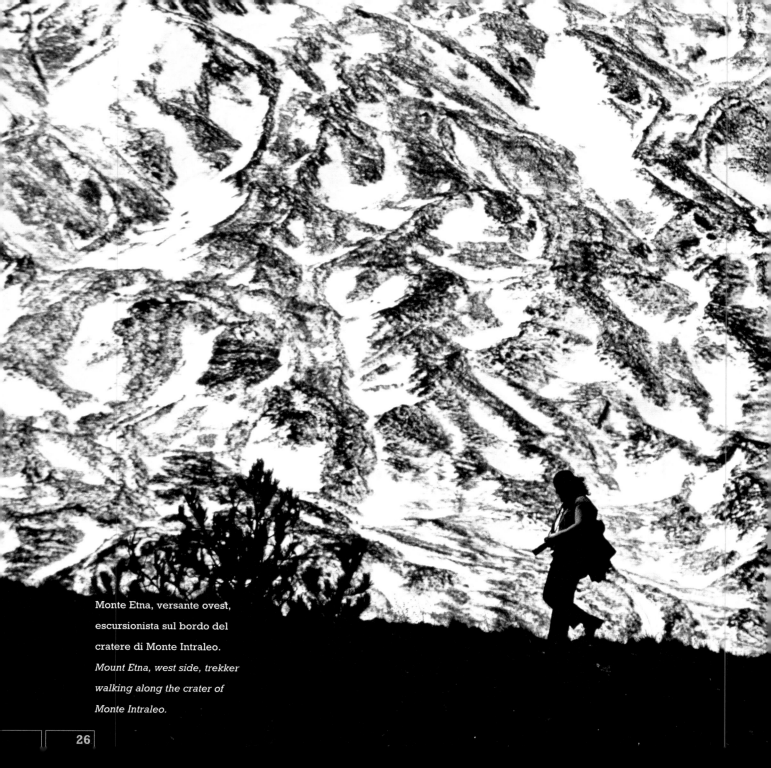

Monte Etna, versante ovest,
escursionista sul bordo del
cratere di Monte Intraleo.
Mount Etna, west side, trekker
walking along the crater of
Monte Intraleo.

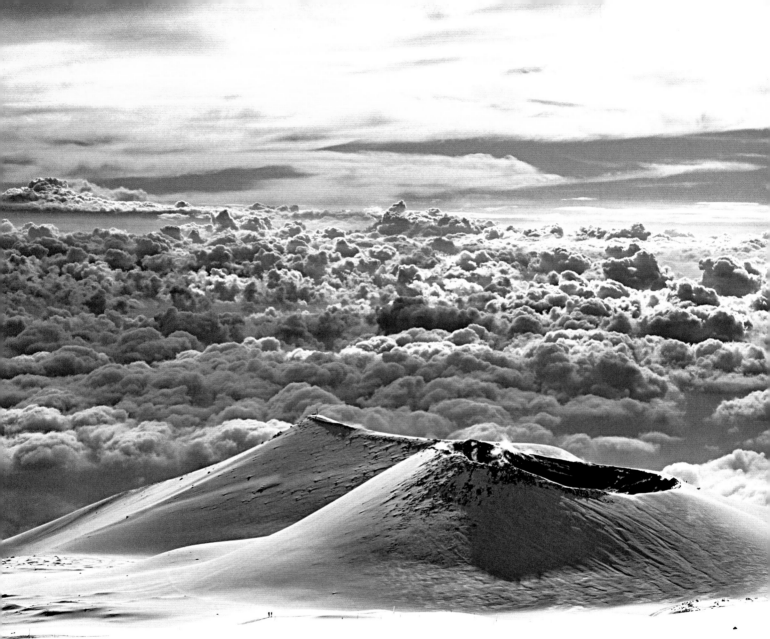

Monte Etna, i crateri Escrivà
e la Montagnola.
*Mount Etna, Escrivà
and La Montagnola craters.*

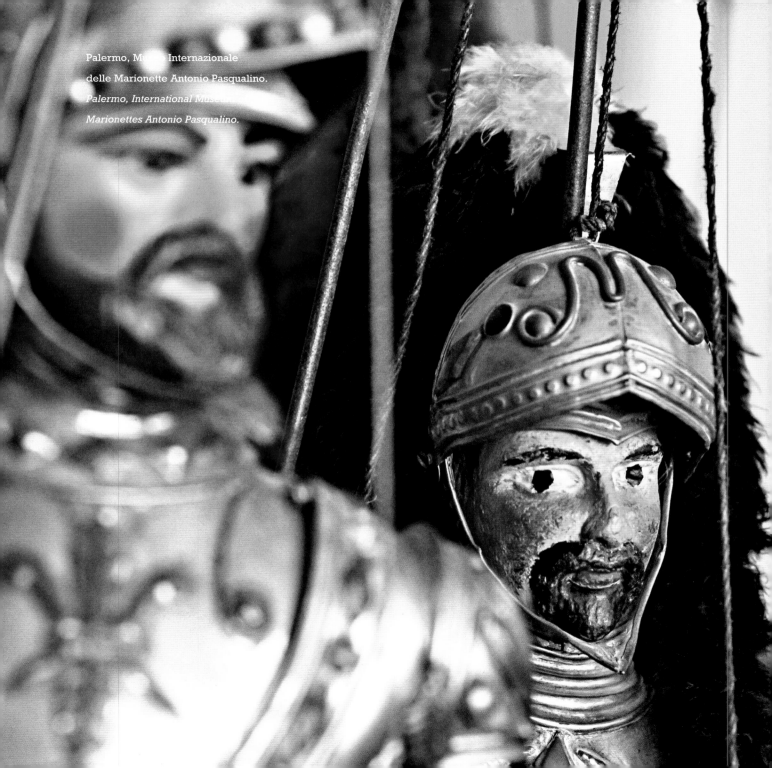

Palermo, Museo Internazionale
delle Marionette Antonio Pasqualino.
Palermo, International Museum
Marionettes Antonio Pasqualino.

il teatrino delle marionette siciliane, custode
di arte e tradizione

storie di paladini
stories of knights

the sicilian puppet theatre, guardian of art
and tradition

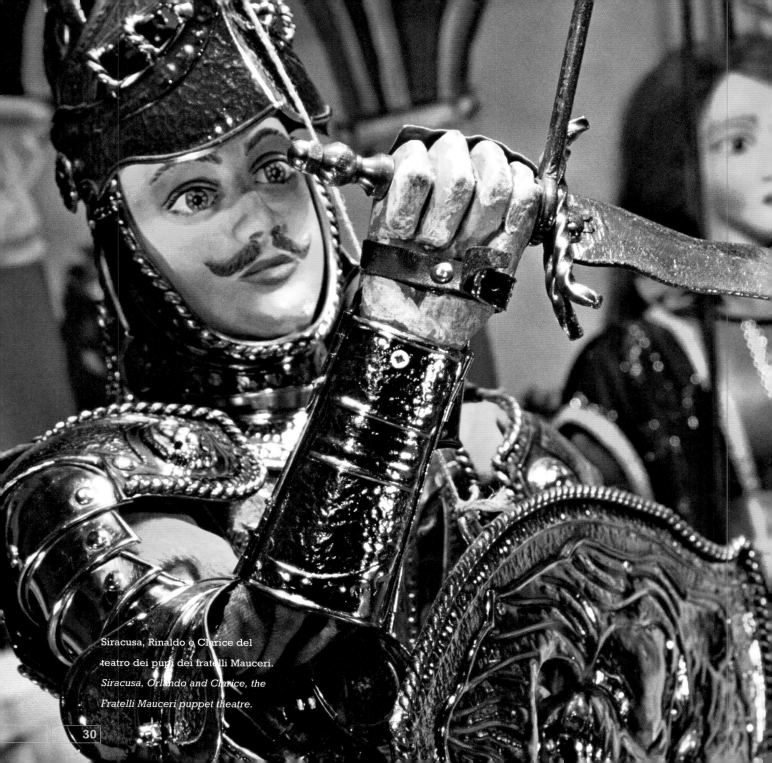

Siracusa, Rinaldo e Clarice del
teatro dei pupi dei fratelli Mauceri.
Siracusa, Orlando and Clarice, the
Fratelli Mauceri puppet theatre.

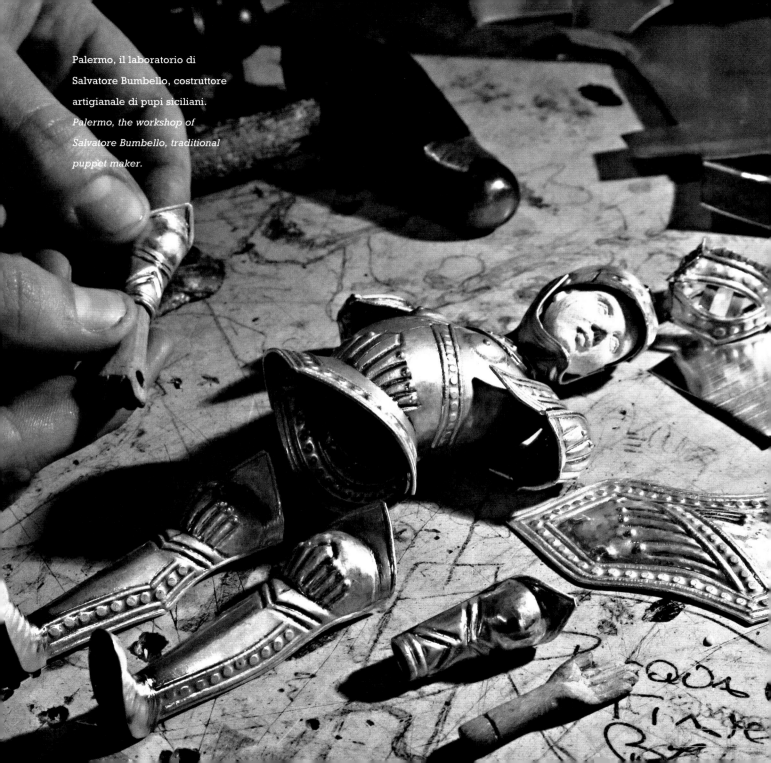

Palermo, il laboratorio di Salvatore Bumbello, costruttore artigianale di pupi siciliani.
Palermo, the workshop of Salvatore Bumbello, traditional puppet maker.

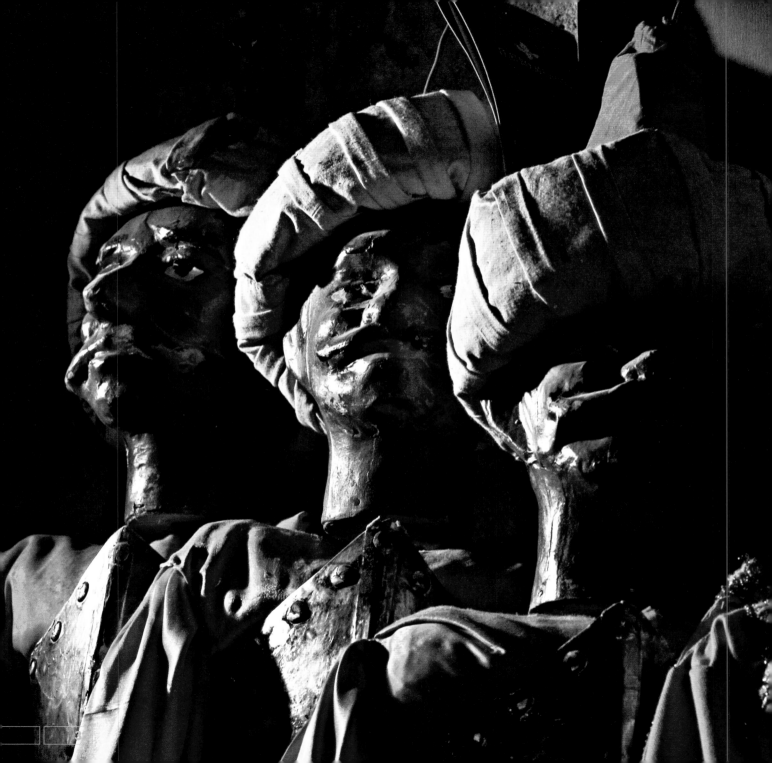

Uno spettacolo nello spettacolo. Quello che rievoca le gesta dei paladini e quello del pubblico che partecipa e si accalora. Il teatro mette in scena le storie di cappa e spada dei poemi cavallereschi famosi. I pupari manovrano con bacchette di ferro, dall'alto, i pupi splendenti nelle corazze cesellate e negli abiti eleganti, con rapidità e precisione. Li fanno entrare e uscire dalla scena, in un avvicendarsi di fondali colorati. Oggi non è del tutto difficile assistere a queste rappresentazioni di teatro di figura, che l'Unesco ha dichiarato "Capolavoro del patrimonio orale e immateriale dell'umanità". Per farlo bisogna visitare città come Palermo, Catania e Siracusa o aspettare il Festival di Morgana, organizzato dal Museo internazionale delle marionette Antonio Pasqualino di Palermo.

A performance within a performance. One re-enacting the feats of the Paladins; the other the enthusiastic, enthralled audience. The theatre stages the swashbuckling tales of the famous poems of chivalry. From above, skilful puppet-masters manoeuvre iron rods at speed to move the gleaming marionettes in their embossed armour and elegant garb, taking them on and off stage in a swirl of colourful backdrops. Today it is not entirely difficult to find a puppet theatre to watch the art that UNESCO has declared a "masterpiece of oral and intangible heritage of humanity". To do so, a visit to Palermo, Catania or Siracusa is in order. Or just wait for the Festival di Morgana, organized by Antonio Pasqualino's Museo Internazionale delle Marionette, in Palermo.

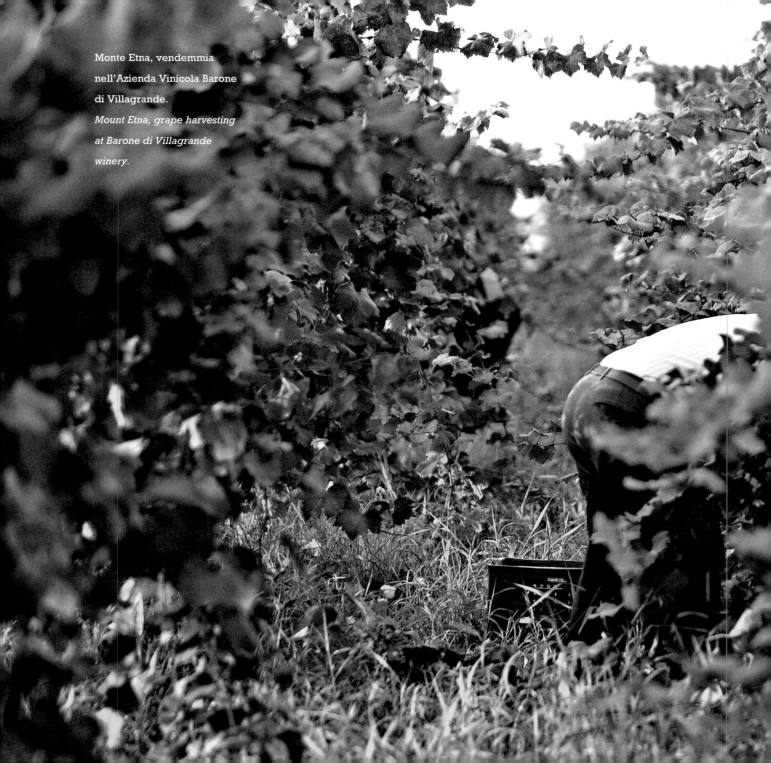

Monte Etna, vendemmia
nell'Azienda Vinicola Barone
di Villagrande.
*Mount Etna, grape harvesting
at Barone di Villagrande
winery.*

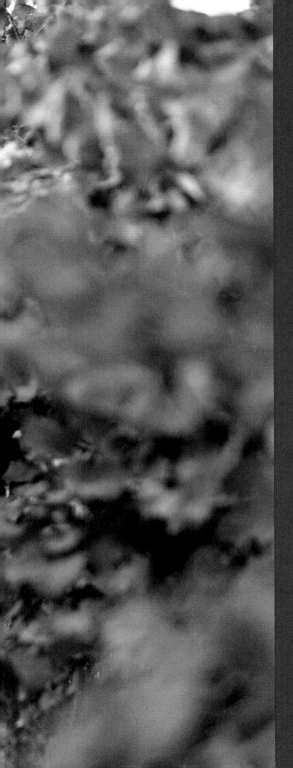

nelle cantine storiche i vini rossi e bianchi
seducono il palato

tra i vigneti
di bacco in
the vineyards
of bacchus

red and white wines to seduce the palate in

historic wineries

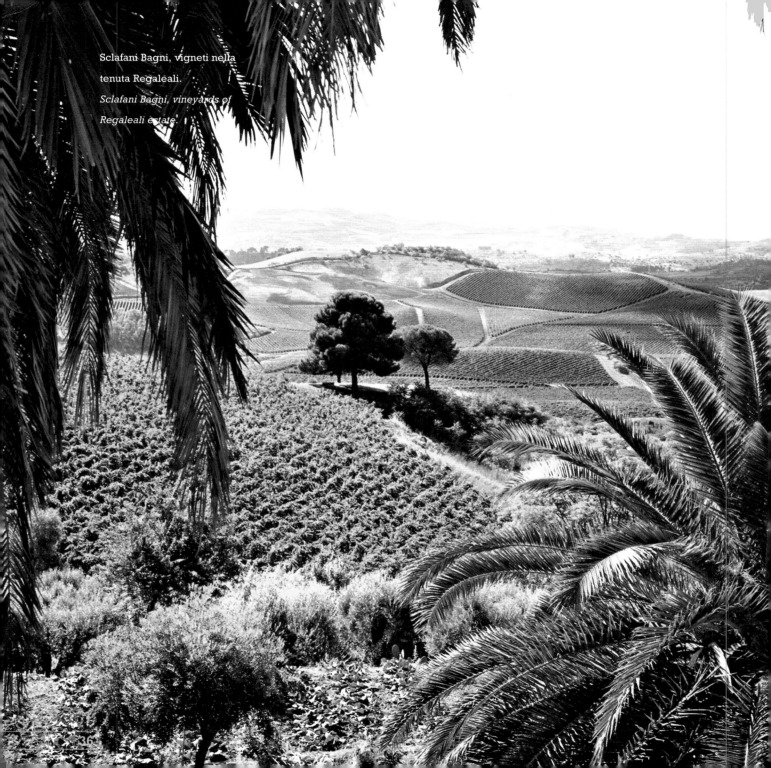

Sclafani Bagni, vigneti nella
tenuta Regaleali.
*Sclafani Bagni, vineyards of
Regaleali estate.*

36

Nel mare verde dei vigneti siciliani respiro un grande senso di pace. Da Lipari a Pantelleria, da Messina a

Ragusa, da Catania a Marsala, i filari mi sembrano linee interminabili aggrappate alla terra. La Sicilia dei campi

è autentica, proprio come lo sono i produttori di vino, innamorati del loro lavoro, ospitali fino alla familiarità

anche quando sono a capo di aziende prestigiose e vivono in abitazioni che somigliano a castelli. Aprono

volentieri le porte delle loro aziende, stappano una bottiglia, riempiono il calice e iniziano a chiacchierare.

Sono luoghi dove il tempo sembra scorrere più lento. Come nella cantina Regaleali, della tenuta di Tasca

d'Almerita, un'oasi verde in un panorama aspro, all'interno dell'isola, oppure a Menfi, da Planeta, dove il

Moscato di Noto viene servito fresco, con gesto elegante, da gentiluomini di un tempo perduto.

The waves chase each other incessantly in regular rhythm. In the green sea of Sicilian vineyards I breathe

in a great sense of peace in the geometrical harmony. From Lipari to Pantelleria, from Messina to Ragusa,

from Catania to Marsala: the grapevines seem to grasp the earth in infinite lines. Agrarian Sicily is authentic

and generous, just like its specialist winemakers. They are in love with their work and are openhearted and

hospitable to the point of treating you like a friend even if they are heads of prestigious wineries and live in

homes that more often resemble castles than farmhouses. Sicilian winemakers will gladly open the door to their

winery and a time honoured ritual takes place: a bottle is opened, glasses are filled and as the wine slips down,

you start to warm and so begins a conversation. These are places where time seems to pass more slowly under

soft lights and hushed silence.

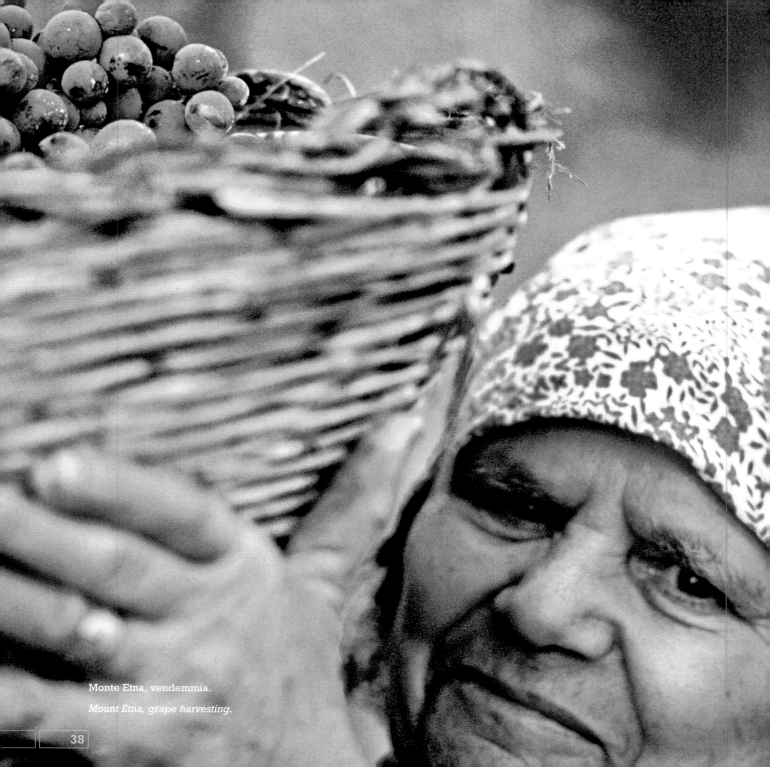

Monte Etna, vendemmia.

Mount Etna, grape harvesting.

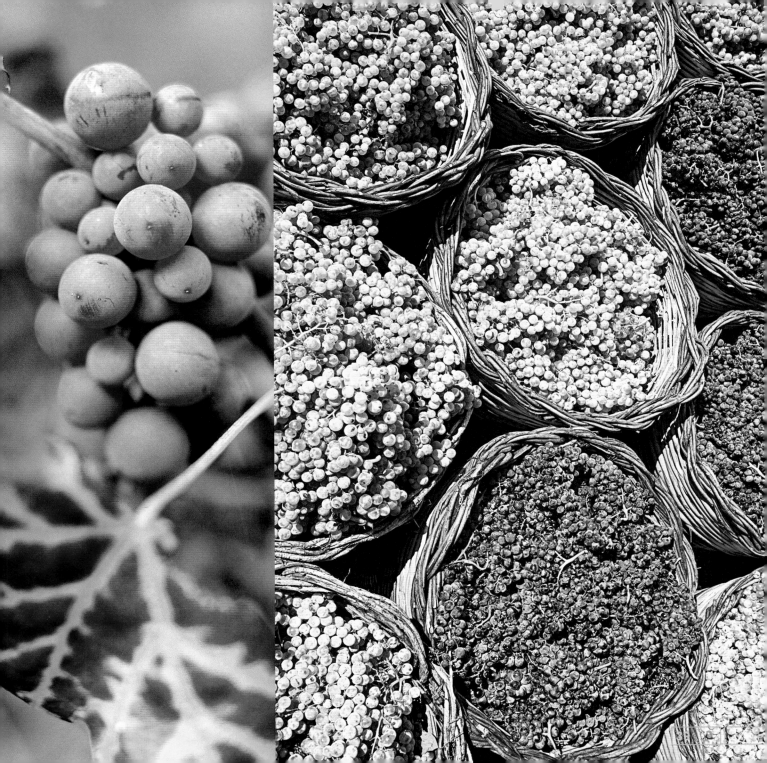

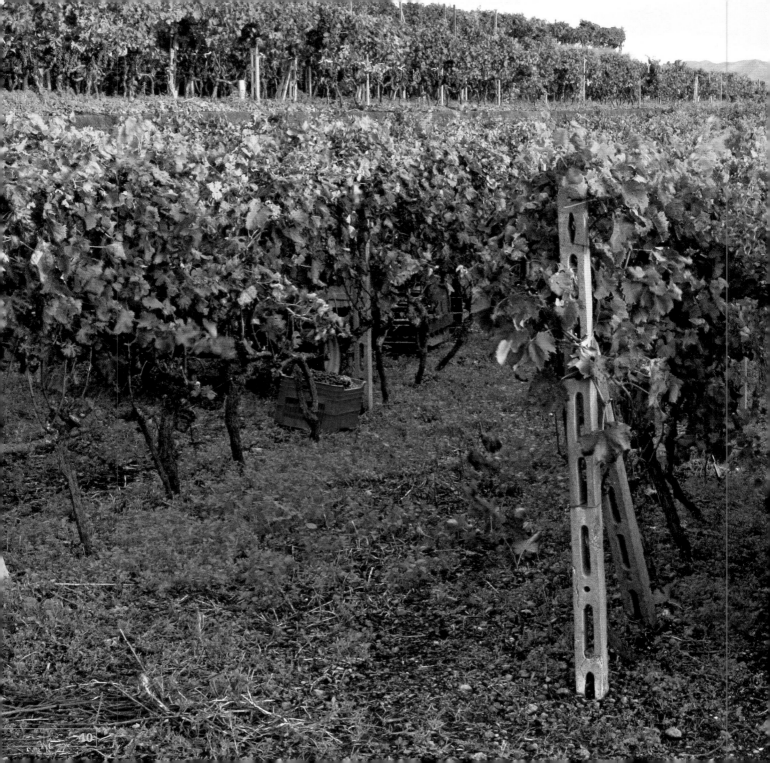

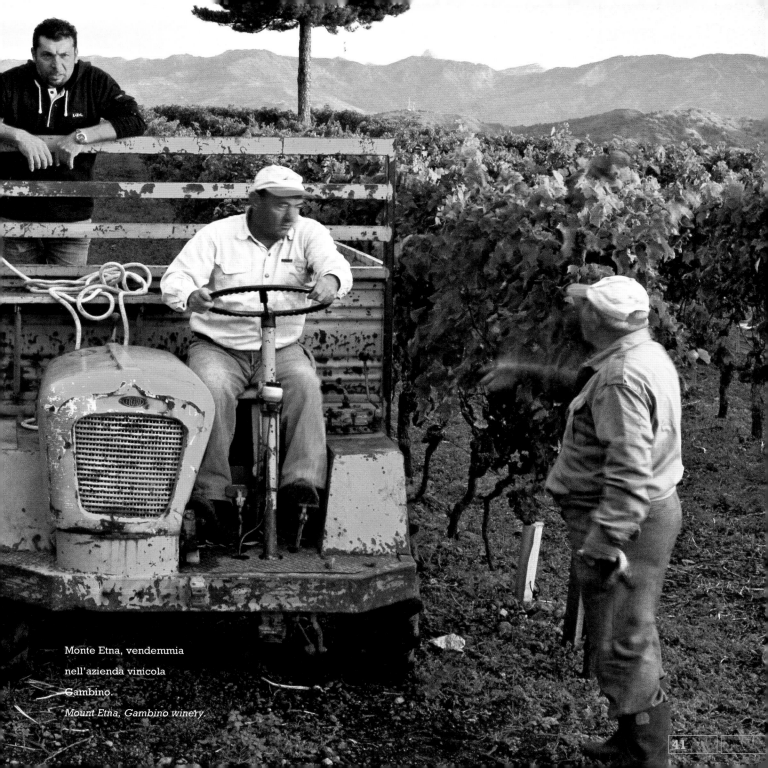

Monte Etna, vendemmia
nell'azienda vinicola
Gambino.
Mount Etna, Gambino winery.

IN ALTO I CALICI

Il miracolo siciliano. Lo chiamano così. Ma non si tratta di credenza, devozione, preghiera. A fare il miracolo è stata la terra, con i suoi frutti. Antonio, specializzato nella legatura delle tralci, lavora come stagionale per le maggiori aziende. Mi spiega che "non è stato facile uscire dal guscio isolano e presentarsi come regione vinicola al pari delle blasonate Piemonte e Toscana". Guardandogli le mani capisco che il merito va a un lavoro faticoso, attento, meticoloso, che nel giro di una ventina d'anni ha portato alla ribalta vini da meditazione, bianchi eleganti e profumati pregiatissimi rossi. Come il Nero d'Avola e il Cerasuolo di Vittoria, i rossi succosi, che sono stati gli autentici motori dell'enologia siciliana.

LIFT HIGH YOUR GLASS!

The Sicilian miracle is what they call it. But it has nothing to do with creed, devotion and prayer. The miracle was wrought by the earth with her fruits. Antonio, a specialist in tying vines, works seasonally for the major wineries. He explains to me that "it hasn't been easy to break out of the island's shell and to present Sicily today as a wine-growing region worthy of comparison to the much touted Piedmont and Tuscany". Looking at his hands, I understand that much of the credit is due to all the meticulous, careful, hard work that in the space of twenty years has brought these meditative wines; elegant whites and precious perfumed reds, into the limelight. Worthy reds, such as the Nero d'Avola and the Cerasuolo di Vittoria are succulent full bodied red wines which have proved to be the veritable engines of Sicilian oenology.

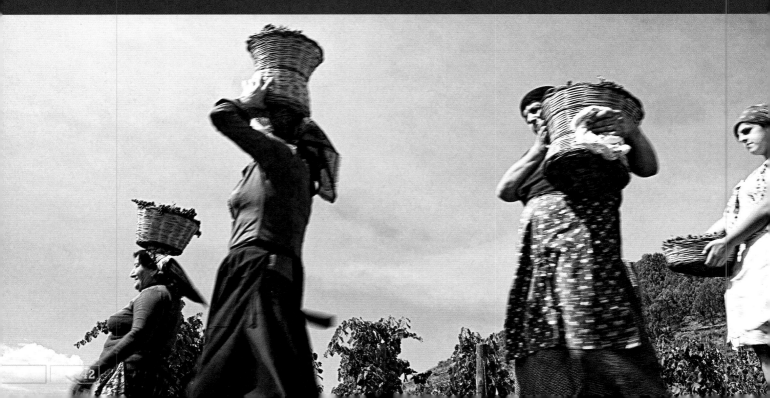

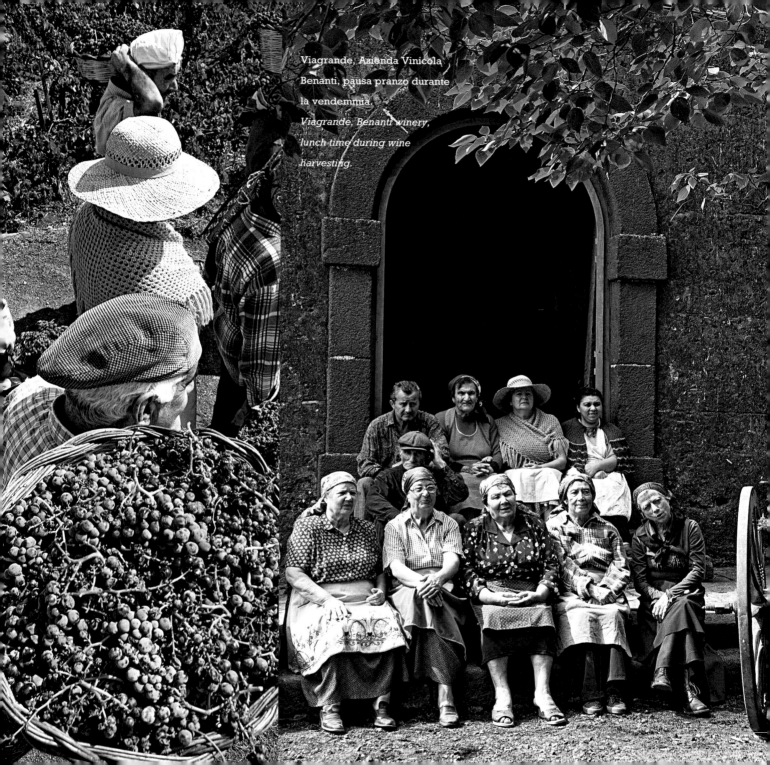

Viagrande, Azienda Vinicola Benanti, pausa pranzo durante la vendemmia.
Viagrande, Benanti winery, lunch time during wine harvesting.

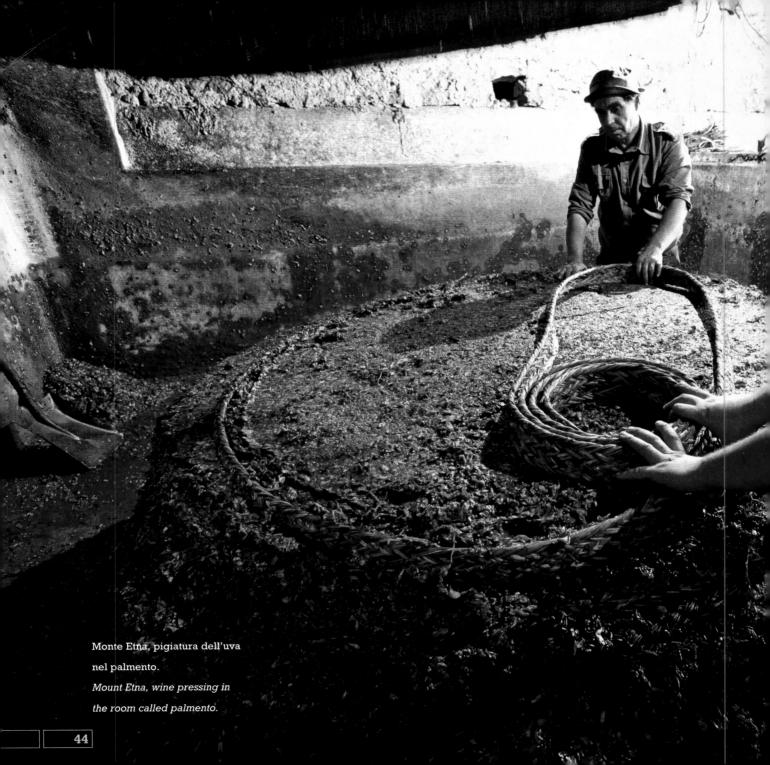

Monte Etna, pigiatura dell'uva
nel palmento.
Mount Etna, wine pressing in
the room called palmento.

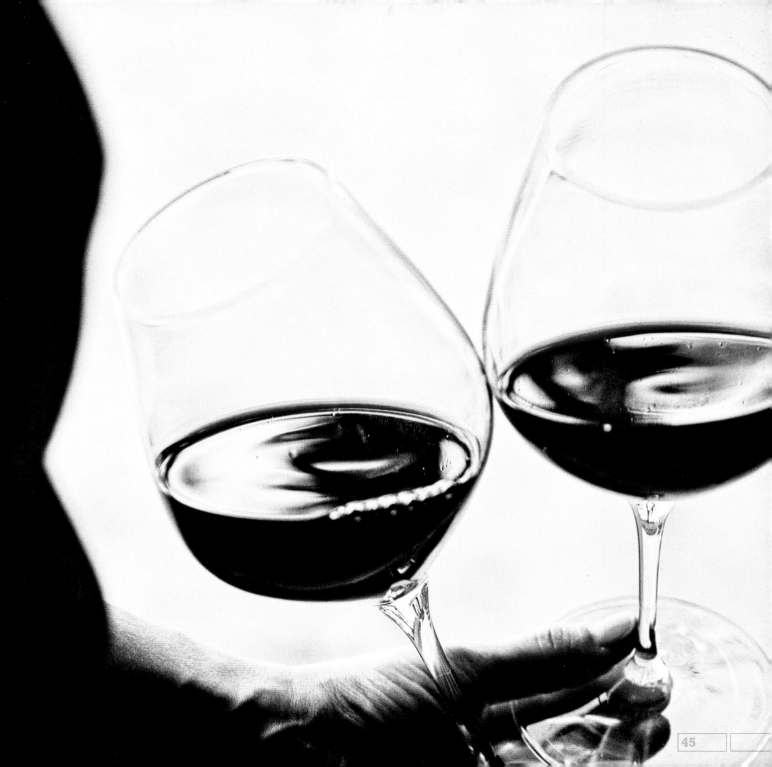

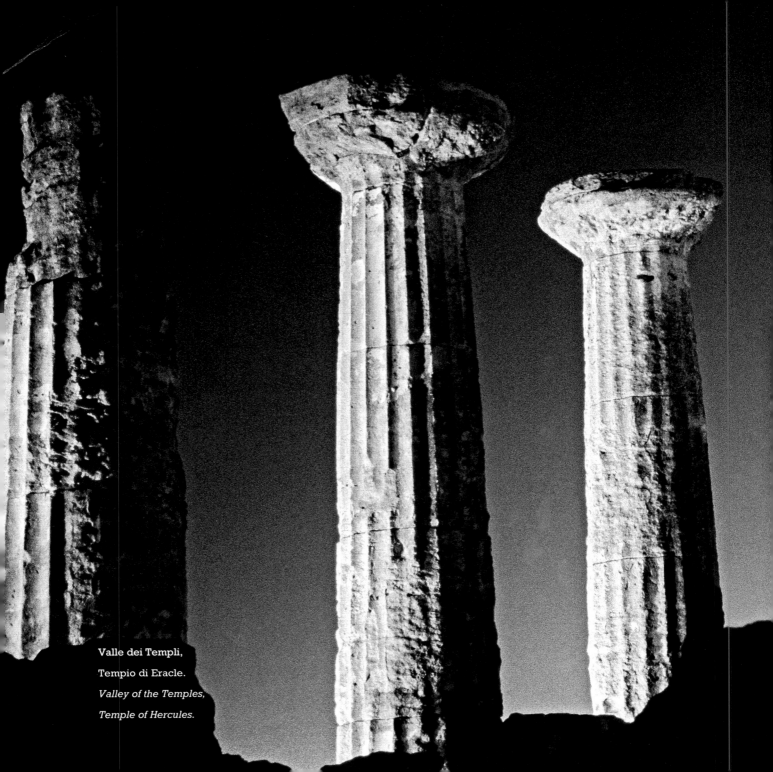

Valle dei Templi,
Tempio di Eracle.
Valley of the Temples,
Temple of Hercules.

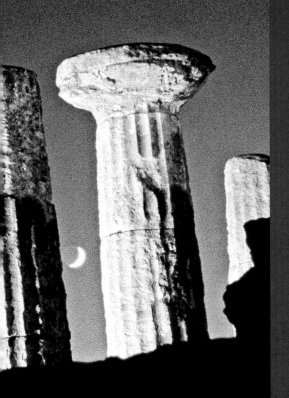

la magna grecia vive tra le pietre di
agrigento, segesta e siracusa

ellenico splendore hellenic splendor

magna graecia lives on among the stones
of agrigento, segesta and syracuse

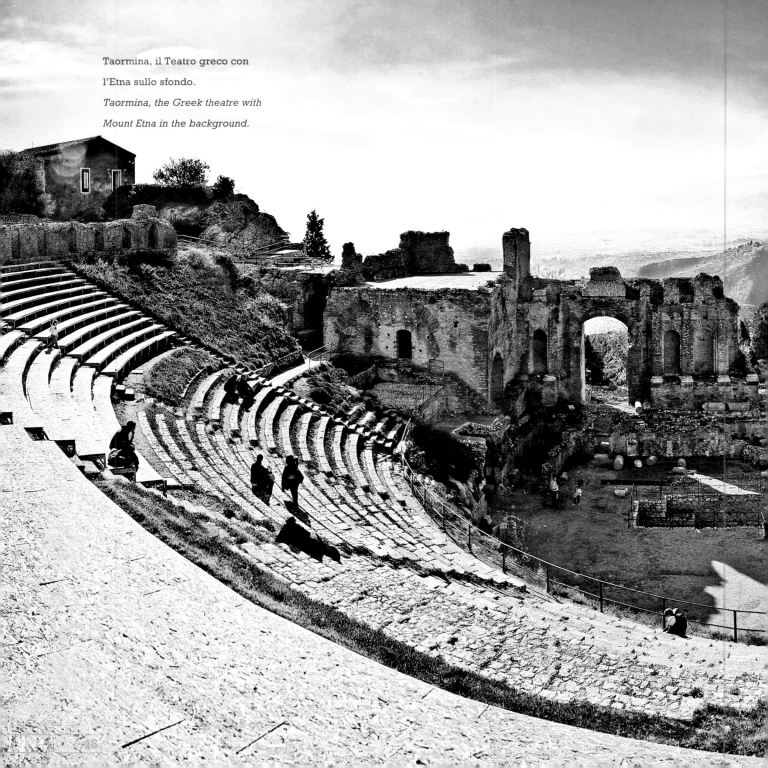

Taormina, il Teatro greco con
l'Etna sullo sfondo.
*Taormina, the Greek theatre with
Mount Etna in the background.*

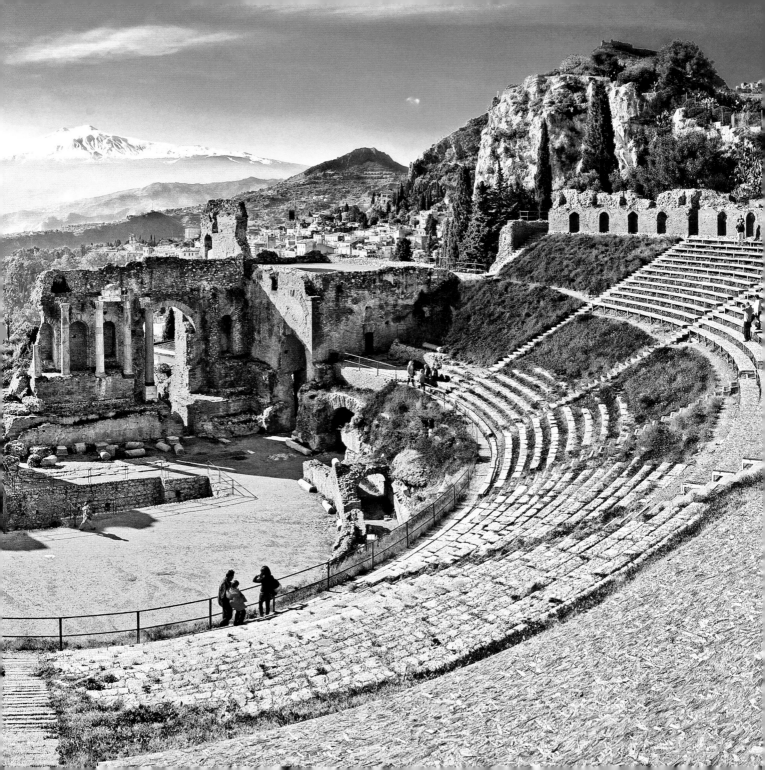

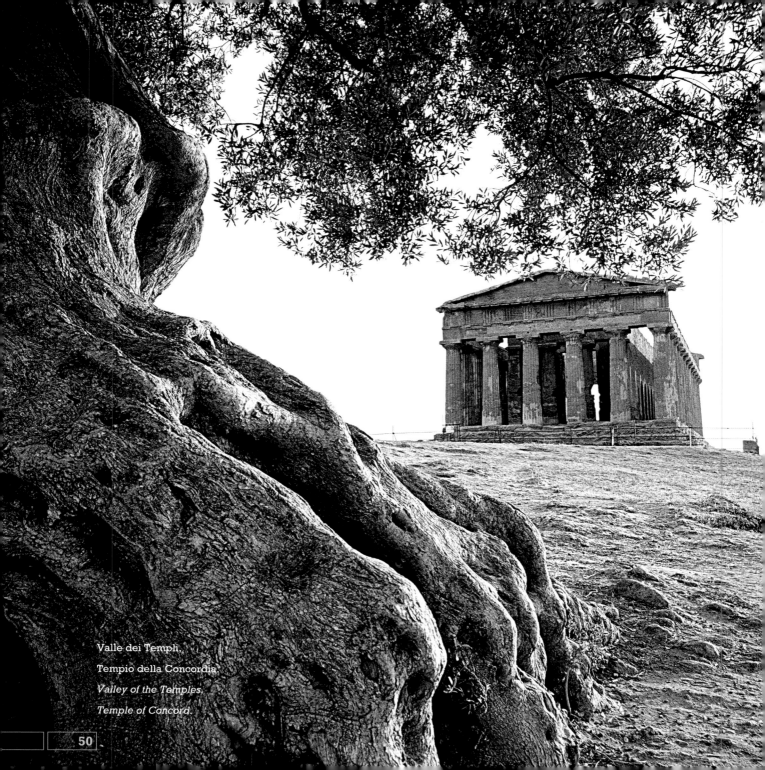

Valle dei Templi,
Tempio della Concordia.
Valley of the Temples,
Temple of Concord.

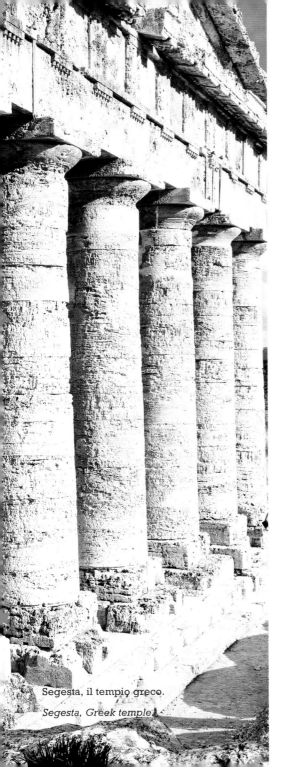

Segesta, il tempio greco.
Segesta, Greek temple.

Guardo le poderose colonne del tempio di Agrigento mentre la luce del tramonto le tinge di rosso acceso. Nella quiete della sera penso a quando, molti secoli fa, questo posto era al centro di una grande animazione, denso di edifici magnifici. Tanto da suscitare l'ammirazione del poeta Pindaro, che nominò proprio Agrigento "la più bella delle città mortali". Qui, come altrove in Sicilia, arrivarono in tempi lontani alcuni uomini dalla Grecia, per fondare nuove colonie. >> pag. 55

I gaze upon the mighty columns of the temple in Agrigento as the light of the sunset colors them bright red. In the quiet of advancing evening I think of many centuries ago when this place was a hive of great activity, awash in a river of wealth and thick with magnificent buildings - so much so that it excited the admiration of the poet Pindar, who called Agrigento " the most beautiful of mortal cities". Here, as in other places in Sicily in ancient times the Greeks arrived to found new >> page 55

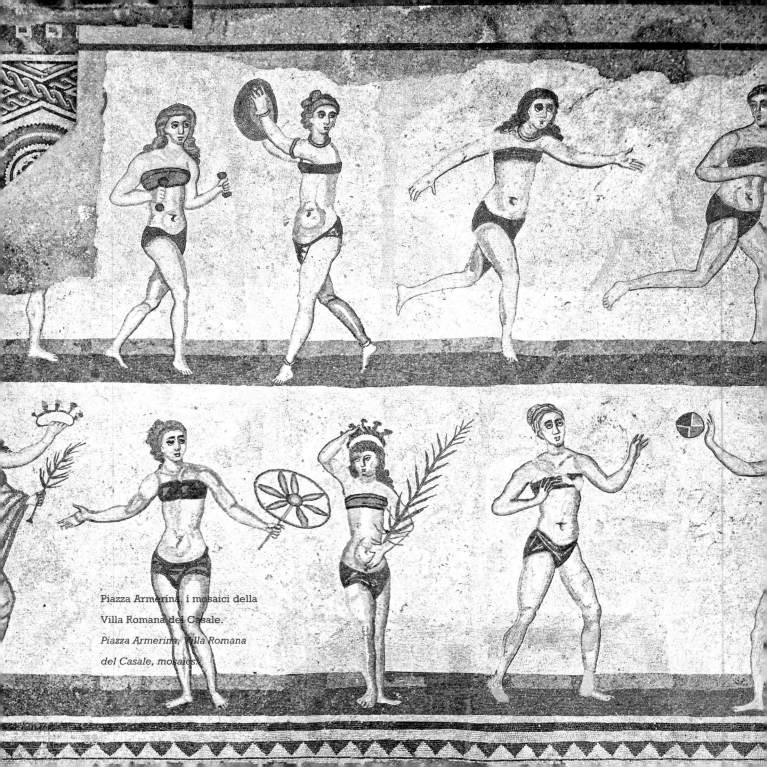

Piazza Armerina, i mosaici della
Villa Romana del Casale.
*Piazza Armerina, Villa Romana
del Casale, mosaics.*

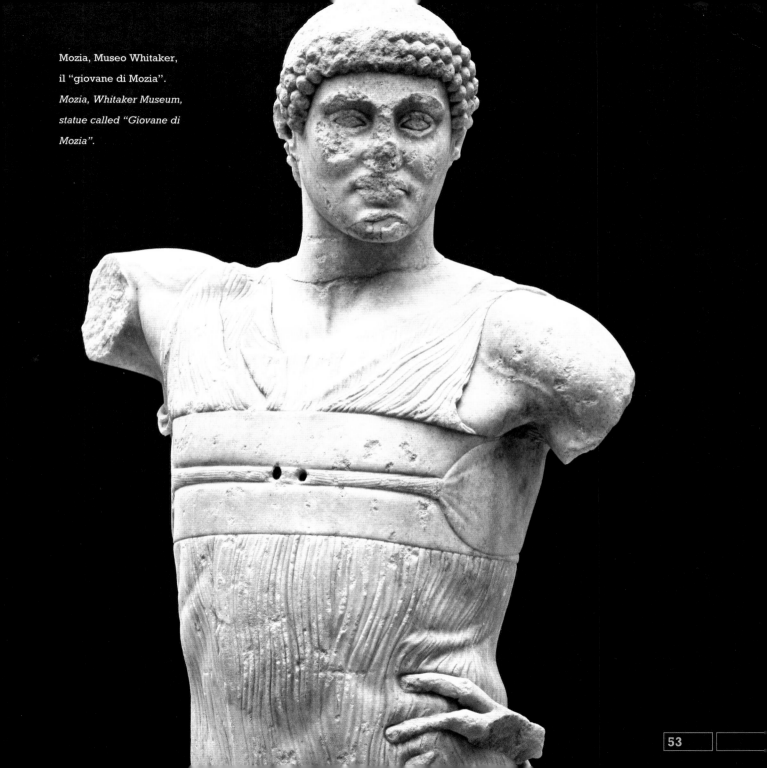

Mozia, Museo Whitaker,
il "giovane di Mozia".
Mozia, Whitaker Museum,
statue called "Giovane di
Mozia".

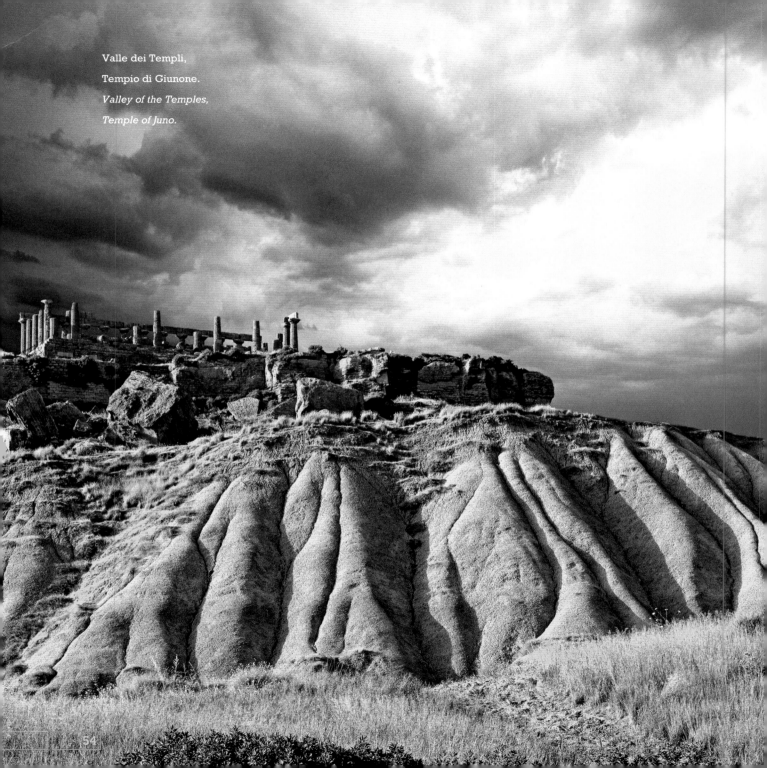

Valle dei Templi,
Tempio di Giunone.
Valley of the Temples,
Temple of Juno.

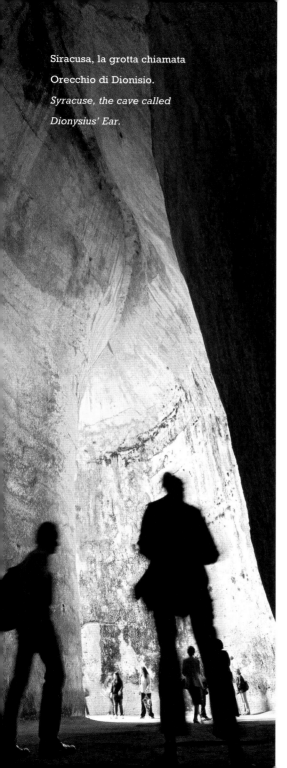

Siracusa, la grotta chiamata
Orecchio di Dionisio.
*Syracuse, the cave called
Dionysius' Ear.*

<< pag. 51 Diedero vita a Siracusa, Catania, Gela, Messina, Acri, Selinunte, Segesta, Taormina. Colonie che, per il loro splendore, assieme alle altre fondate nel meridione italiano, vennero chiamate "Magna Grecia". Ora il trascorrere dei secoli ha sgretolato gran parte degli edifici, i cui resti sono protetti nei siti archeologici. Sul volto antico dell'isola, questi sono i segni indelebili delle genti che ne formarono la storia e il carattere.

<< page 51 *colonies where, tradition has it, the Oracle of Delphi had led them. They gave life to Syracuse, Catania, Gela, Messina, Acri, Selinute, Segesta, and Taormina, cities that, along with others in Southern Italy, were called "Magna Graecia" thanks to their splendour. Today alas, here as in other places, the merciless passing of the centuries has eaten away most of the buildings, but the remains are protected and studied in archaeological sites. These are the indelible markes left upon the ancient face of the island by the peoples that formed its history and character.*

SEGESTA E IL SUO TEATRO

Quelle gigantesche colonne, sopravvissute in modo ordinato alle guerre e al tempo, fanno pensare a un miracolo degli antichi dei. Mi prende un'emozione profonda, quando il tempio di Segesta mi appare nella sua maestosa solitudine, adagiato tra il verde delle colline. Il monumento, la cui costruzione è datata attorno al 430 a.C., è uno tra gli edifici antichi più belli oggi rimasti in piedi. Il sito archeologico ospita anche una seconda meraviglia, sulla collina opposta a quella del tempio: il teatro, oggi in parte distrutto, un perfetto semicerchio appoggiato al pendio roccioso,. Queste antiche pietre, dove nei secoli passati i cittadini si radunavano per ridere, piangere e applaudire durante gli spettacoli, ancora oggi rivivono con rappresentazioni di commedie e drammi.

SEGESTA AND ITS THEATER

Those giant columns that have survived both war and the passing of time in such orderly fashion make one think of a miracle of the ancient gods. A deep emotion takes hold of me when the temple of Segesta appears in majestic solitude set against the green of the hills. The monument, dated around 430 B.C., is among the oldest of the most beautiful edifices still standing. The archaeological site also boasts a second marvel on the hill opposite that of the temple: the theatre, although now partially destroyed, is still a perfect semi-circle set upon a rocky hill. These ancient stones where centuries ago citizens came together to laugh, cry and applaud at the performances, come alive again in our time with comedies and dramas performed there once again.

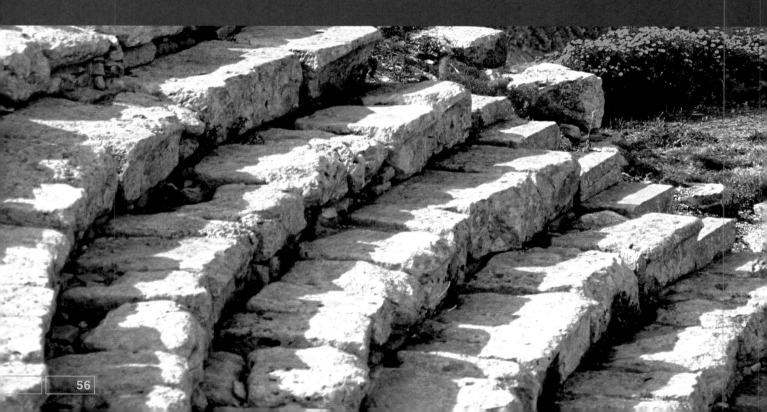

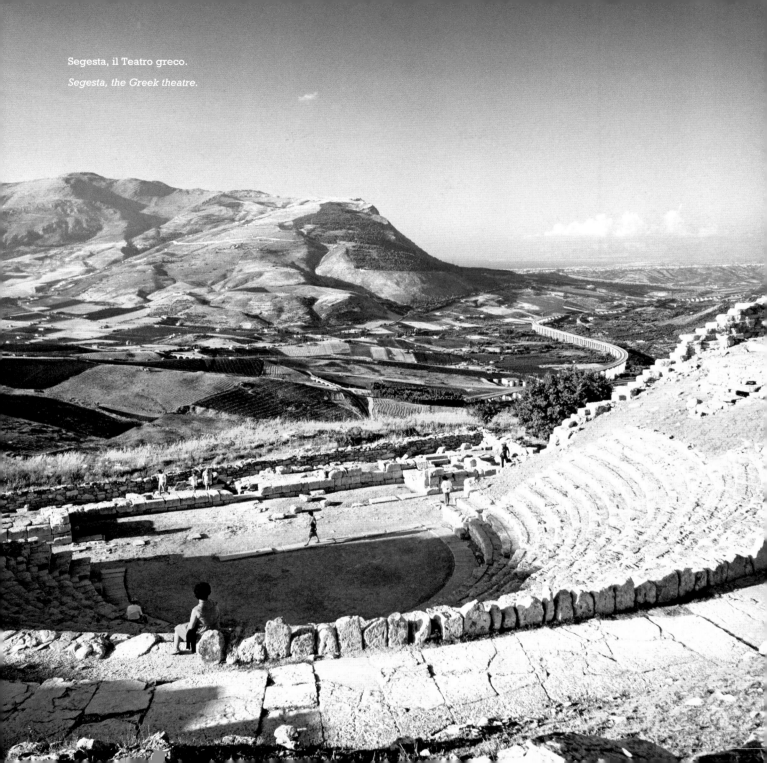

Segesta, il Teatro greco.
Segesta, the Greek theatre.

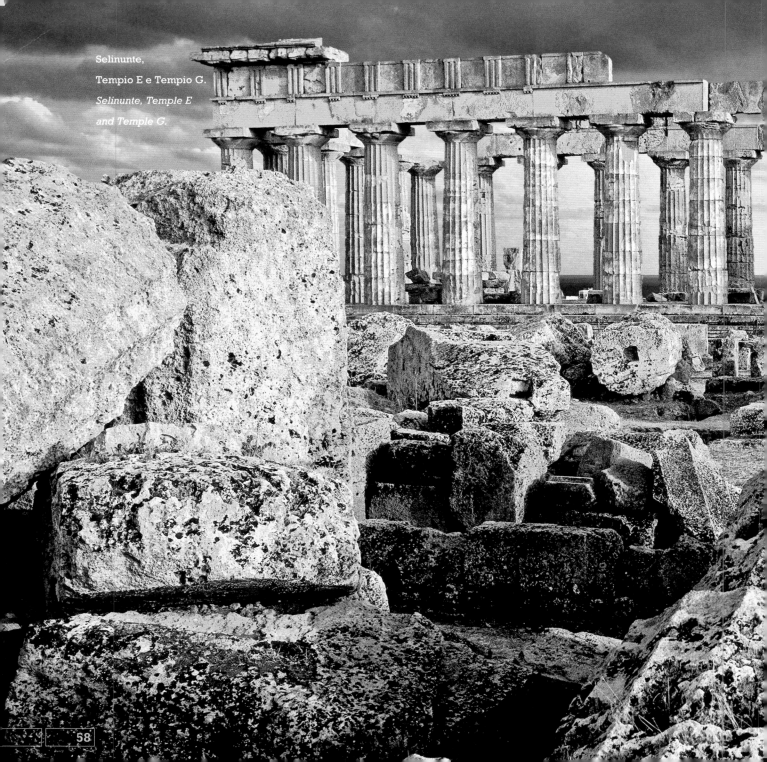

Selinunte,
Tempio E e Tempio G.
Selinunte, Temple E
and Temple G.

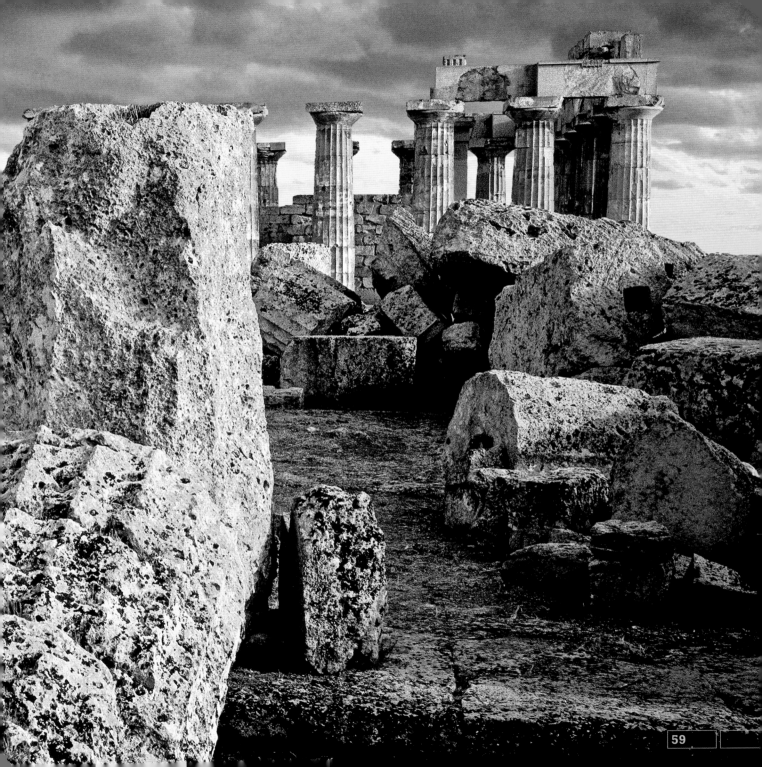

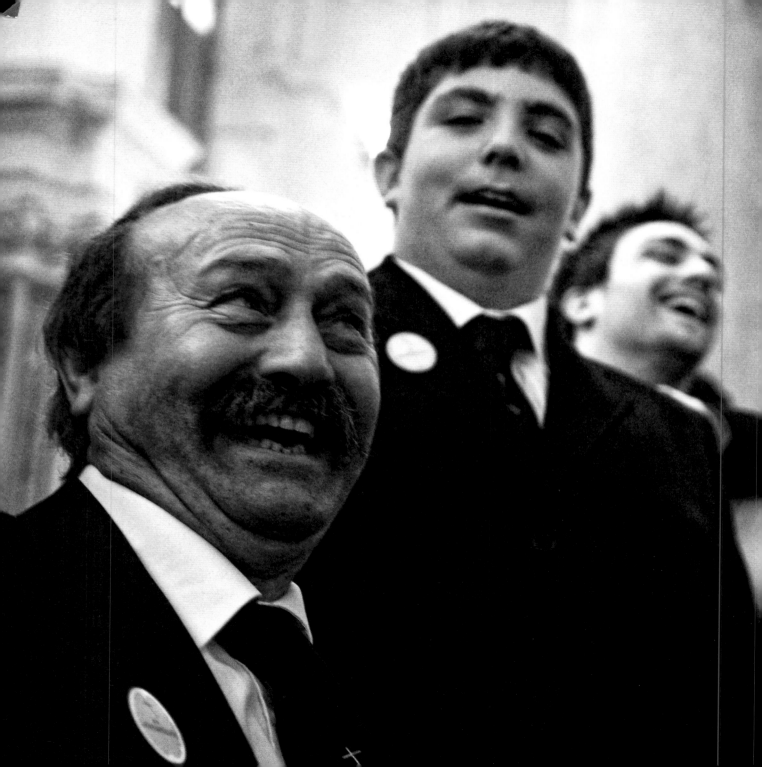

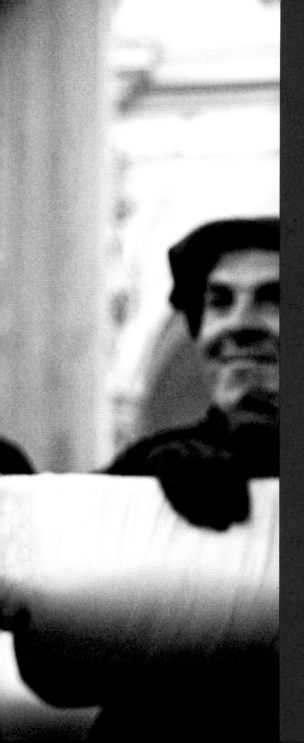

gli sguardi, i gesti e le espressioni di un
popolo fiero e ospitale

gente di trinacria
people of trinacria

the glances, gestures and expressions of a
proud and hospitable people

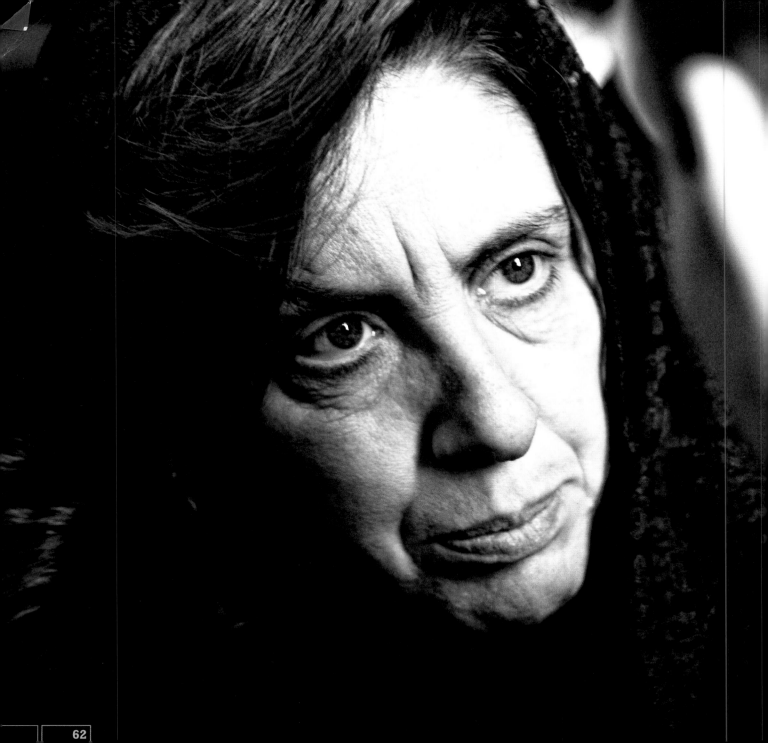

Sguardi intensi, gesti rituali, espressioni filosofiche, portamento fiero. Volti che custodiscono tradizione e mistero, tristezza velata e gioia di vivere. Ma s'intuisce anche la pazienza e la virtù della speranza di un domani diverso, forse migliore. A Palermo, Catania, Messina, ho parlato con tanti studenti. Giovani freschi e autentici, che oscillano fra aristocrazia e povertà, impegnati nella lotta contro la mafia, per non rimanere isolati, prigionieri di quel mondo, e che hanno proprio dipinto in faccia la loro voglia di rivincita. In riva al mare, sulle spiagge delle isole incontro invece un meridione neoclassico, quasi dandy, un po' alla Bell'Antonio, di quelli che hanno in tasca, o stringono nella mani, uno stropicciato cappello da pescatore.

>> pag. 67

Intense glances, ritual gestures, philosophical expressions, proud stance. Faces that preserve tradition and mystery, veiled sadness and a love of life. You can see them all but one also intuits a certain patience and the virtue of hope for a different tomorrow, maybe a better one. In Palermo, Catania and Messina I spoke with many students, fresh authentic youths who run the gamut from the aristocracy to poverty. To a man they are dedicated to the fight against the mafia so that they do not remain isolated - prisoners of that old world. On the faces of these kids you can read desire to make things better. On the other hand, by the seashore, on the islands' beaches, I meet a neo-classical southern Italian, almost a dandy, a little like Bell'Antonio, like those who have a wrinkled fisherman's hat in their

>> page 67

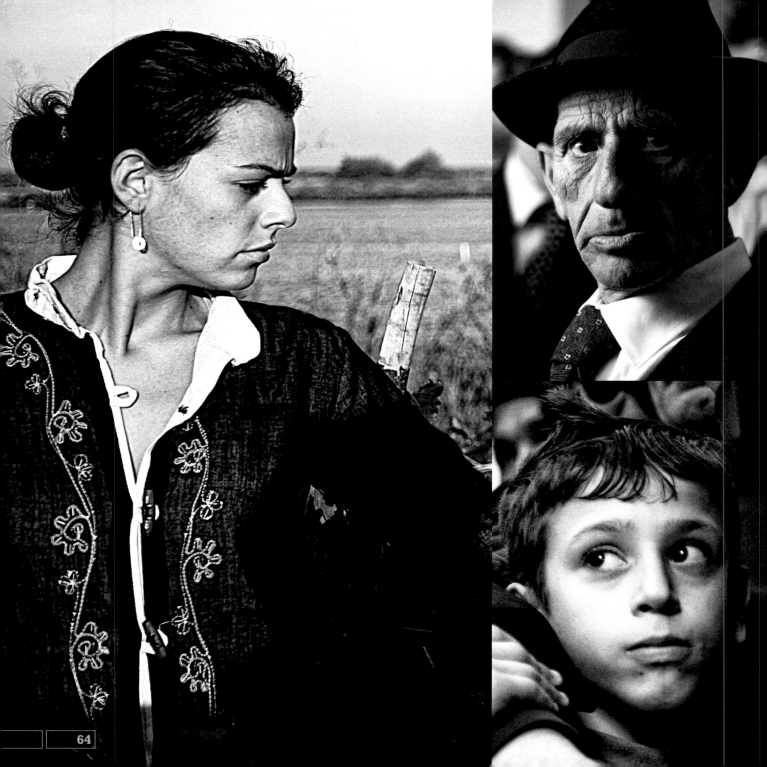

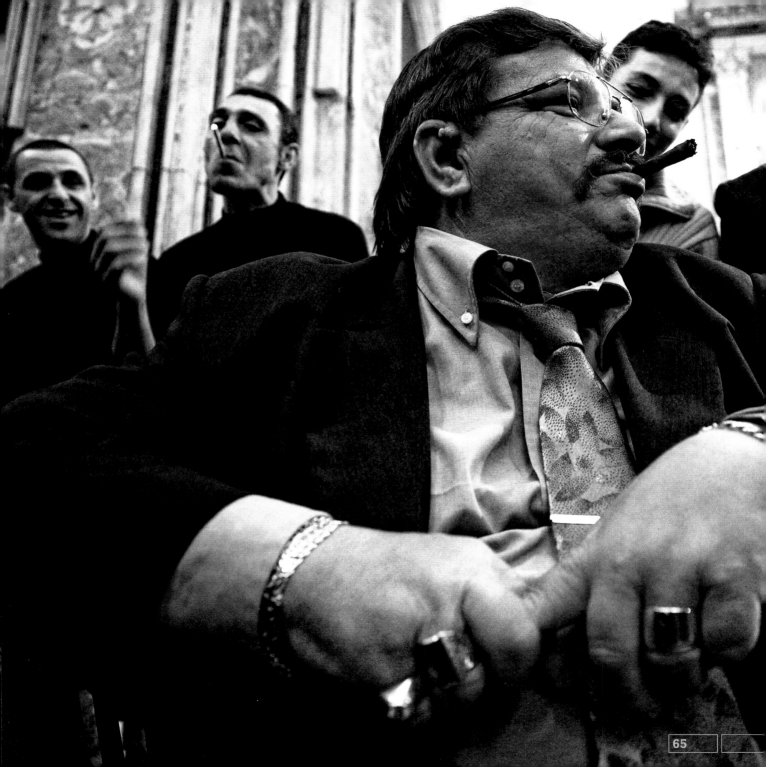

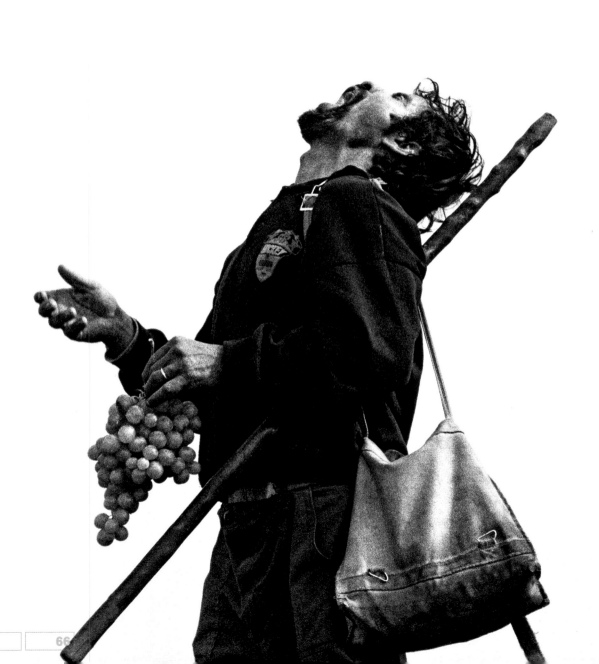

<< pag. 63 Ma i miei occhi sono rimasti ammaliati dai volti abbronzati, quasi bruciati dal sole, di anziani contadini che oggi siedono al bar e chiedono al barista, "un café, ci vuole un café". Sono impeccabili nelle loro giacche della festa. Anche le donne di questi paesi senza nome, sono austere, ma femminili, hanno spesso lo sguardo severo, ma la voce soave e un'inflessione dolce, cadenzata. Alcune portano addosso ancora i simboli del passato, scialle sulle spalle e foulard sulla testa. Ma li vedo illuminati da riflessi lunari e dorati, come preziose reti da pesca.

<< page 63 *pockets or clasped in their hands. But my eyes were mesmerized by the tanned faces, almost burned black by the sun, of the old farmers that today sit in bars and ask the barman, "un caffè, ci vuole un caffè" (a coffee, we need a coffee). They are impeccable in their Sunday suits. Even the women of these nameless villages are austere, yet feminine. Often they have stern faces but soft voices with a warm, rhythmical accent. Some still carry the symbols of the past: a shawl round the shoulders, a scarf over the head. But in my eyes they are illuminated by lunar glints, and gilded like precious fishing nets.*

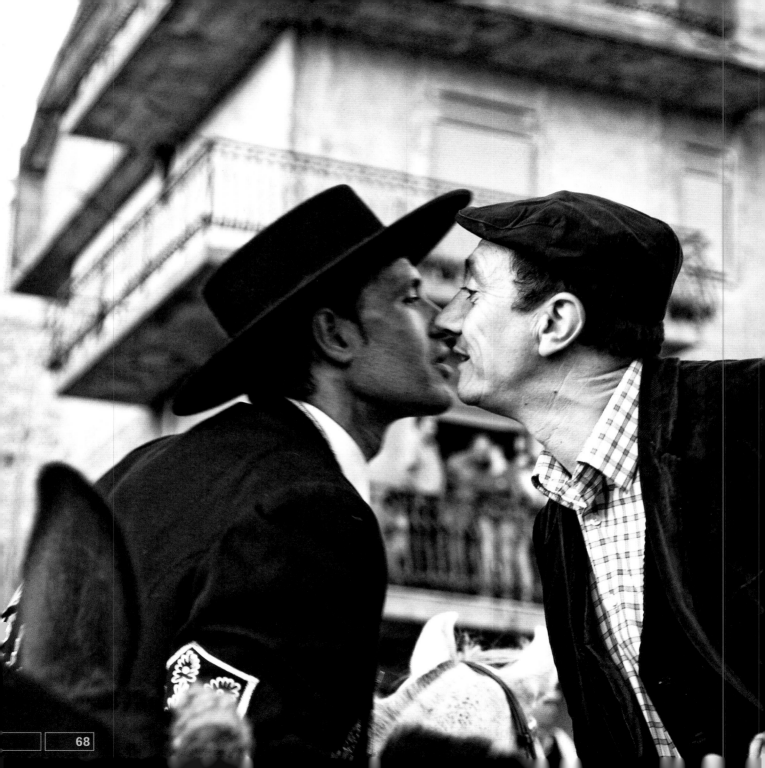

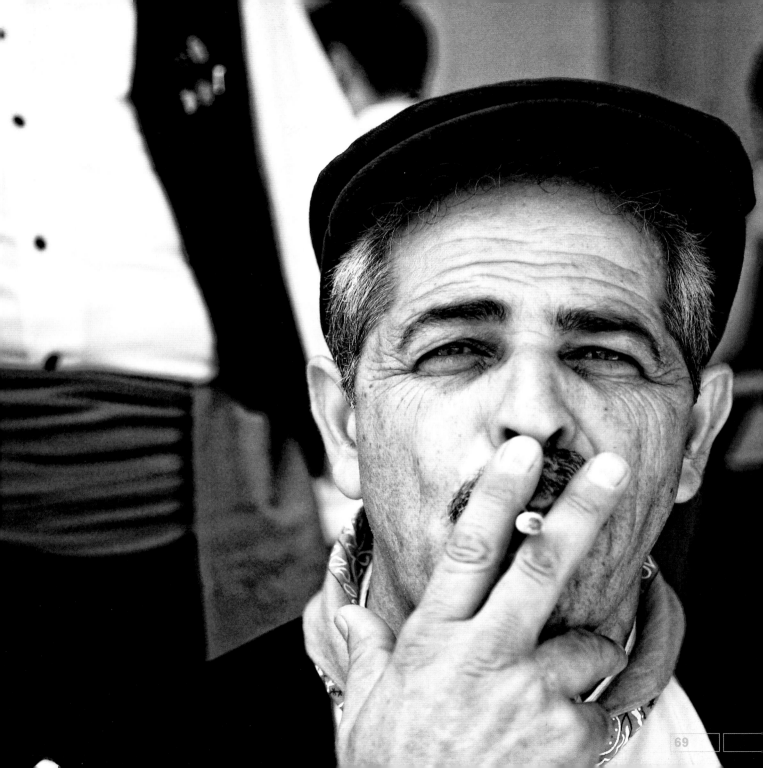

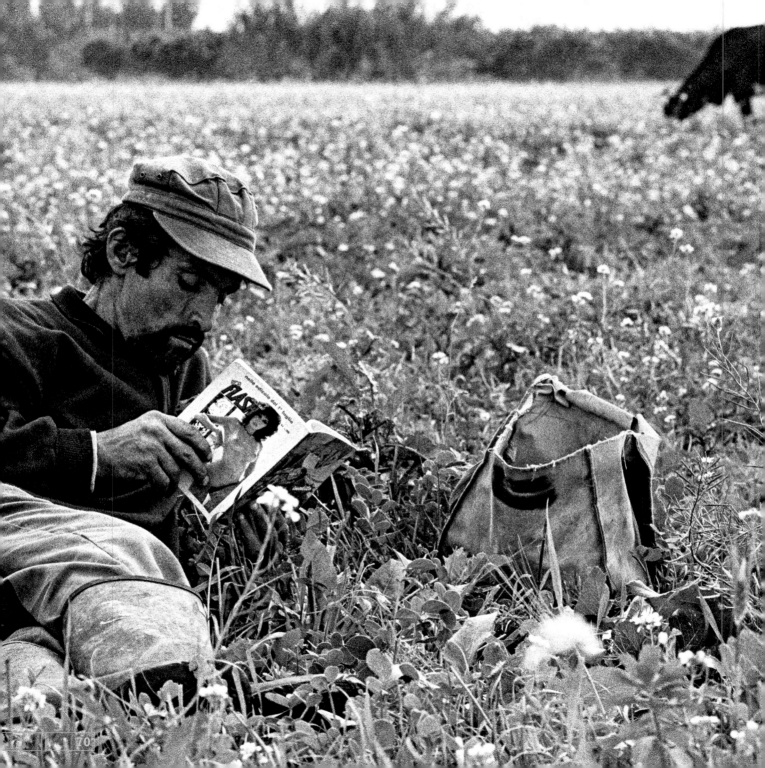

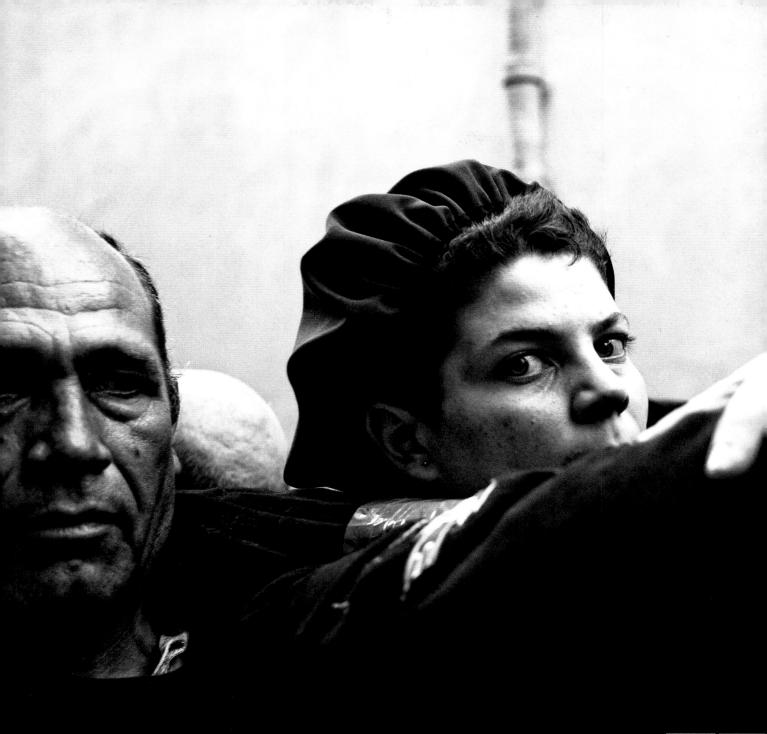

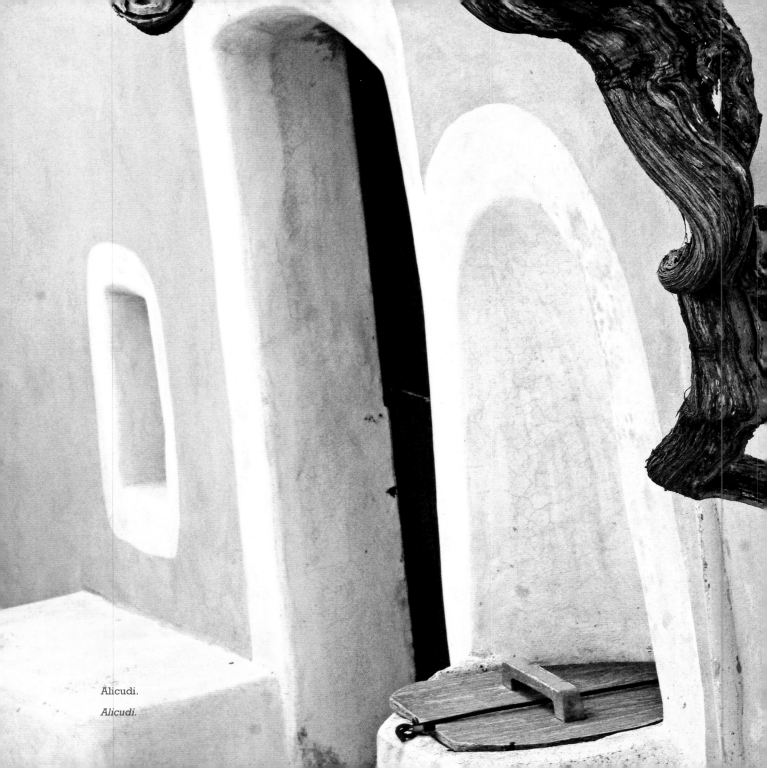

Alicudi.

Alicudi.

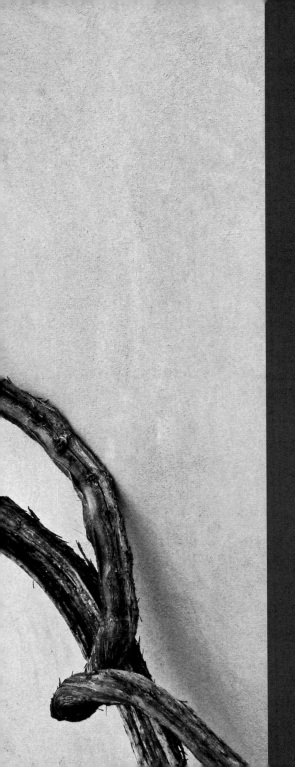

decori, colori e arredi artigianali da vulcano
a stromboli

design
eoliano
aeolian
design

decor, colors and hand-made furnishings
from vulcano to stromboli

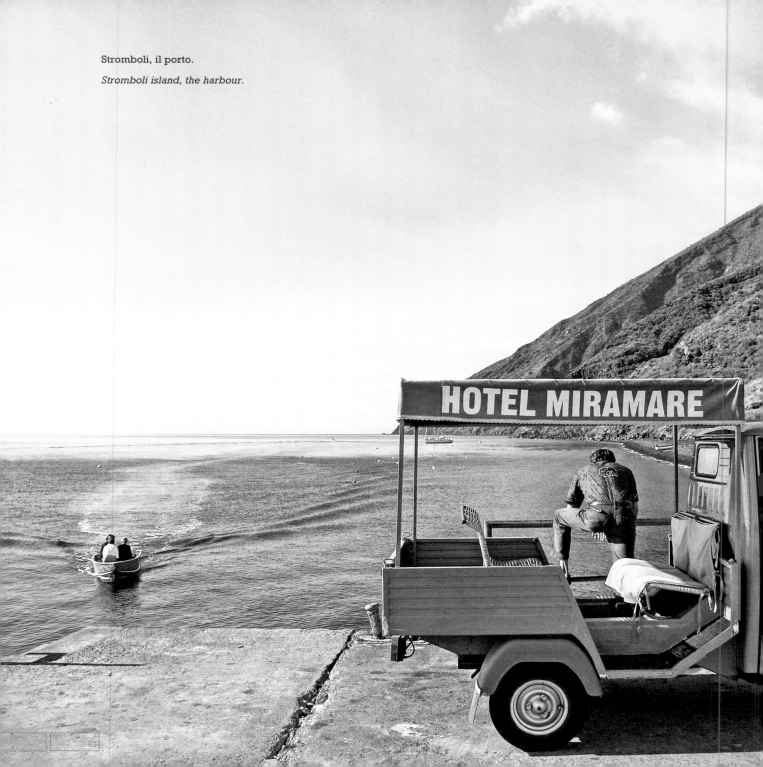

Stromboli, il porto.

Stromboli island, the harbour.

L'aliscafo parte da Milazzo e punta dritto verso le isole Eolie. Prendono il loro nome dal Dio Eolo, il re dei venti, che soffia su questi coriandoli di pietra sparsi nel mare, lasciando il cielo sempre azzurro e terso. Sono sette e, viste dall'alto, formano una grande Y. La più vicina alla terraferma è Vulcano, le più lontane sono Alicudi e Stromboli. Ogni isola ha il suo carattere, la sua personalità, ma c'è un filo rosso che le unisce: la luce avvolgente. Esalta l'architettura rendendola singolare, astratta, quasi metafisica. Geometrie, curve, colori, assumono una vita propria sotto questo cielo blu. Molte sono case dai volumi semplici, ancora abitate dalla gente comune, i pescatori. Altre sono state trasformate in alberghi di charme e ville in affitto, richiestissime in tutto il mondo, dove gli arredi sono un omaggio all'artigianato, alla natura delle isole e alla tradizione siciliana.

The hydrofoil leaves Milazzo and heads straight for the Aeolian Islands. These seven islands are named after the God Aeolus, king of the winds who blows upon these rocks scattered like stone confetti over the sea and scours the sky to an eternal clear blue. The closest isle to the mainland is Vulcano; the farthest are Alicudi and Stromboli. "Each island has its own character, but there is a common thread that unites them: the light. It's like natural colour-therapy". It is Karin, one of today's best designers who came from Germany to live in Sicily, who explains this to me. She has designed terraces, gardens and shaded alcoves for private homes and resorts, using only local materials that she finds to hand; palm leaves, jasmine, vines and coloured textiles. The light in the Aeolian Islands envelops everything and is so beneficent; it highlights the architectural form making it unique. Geometric shapes, curves, colors all take on a life of their own under Aeolian blue skies.

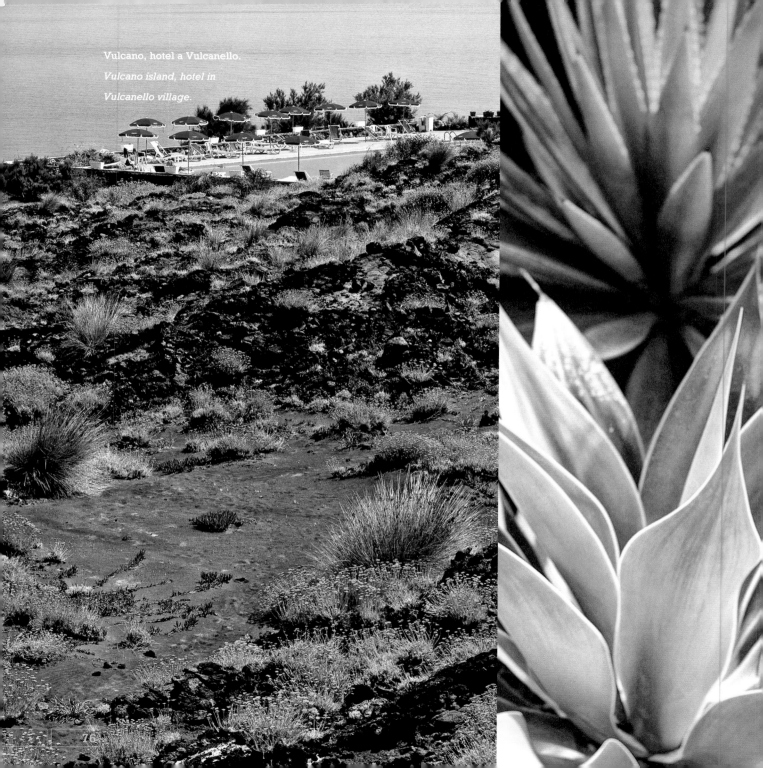

Vulcano, hotel a Vulcanello.
Vulcano island, hotel in
Vulcanello village.

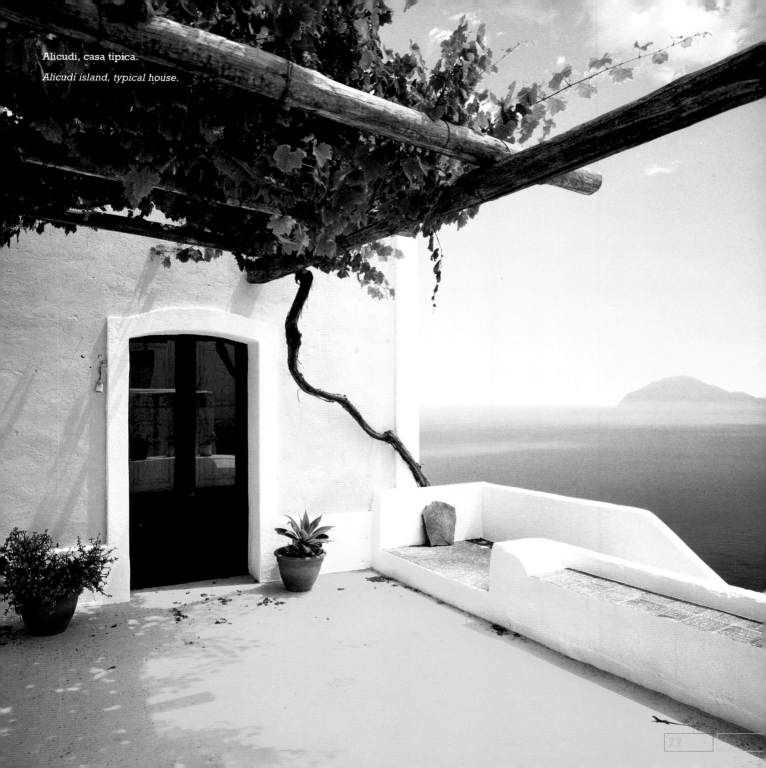

Alicudi, casa tipica.

Alicudi island, typical house.

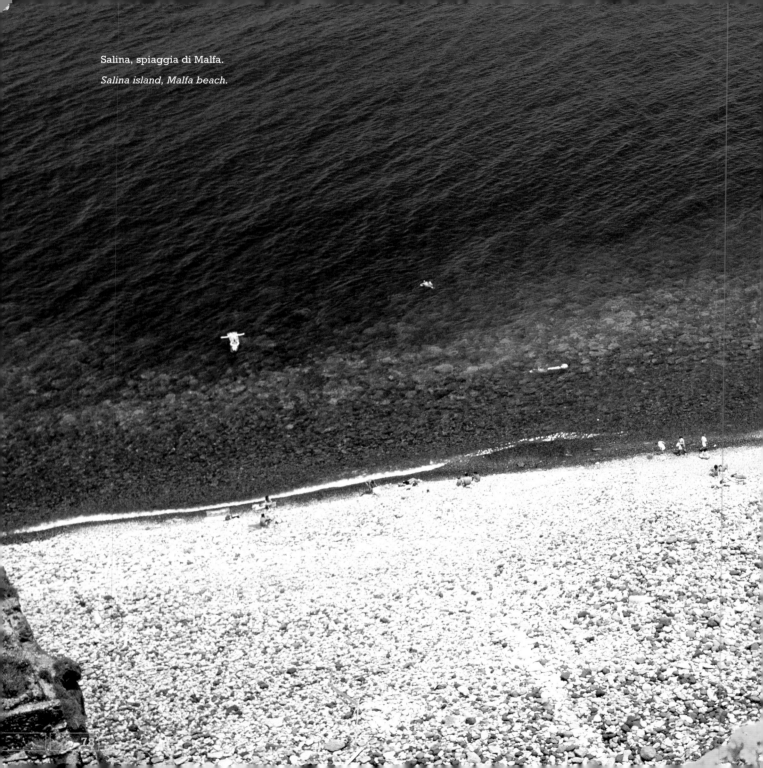

Salina, spiaggia di Malfa.

Salina island, Malfa beach.

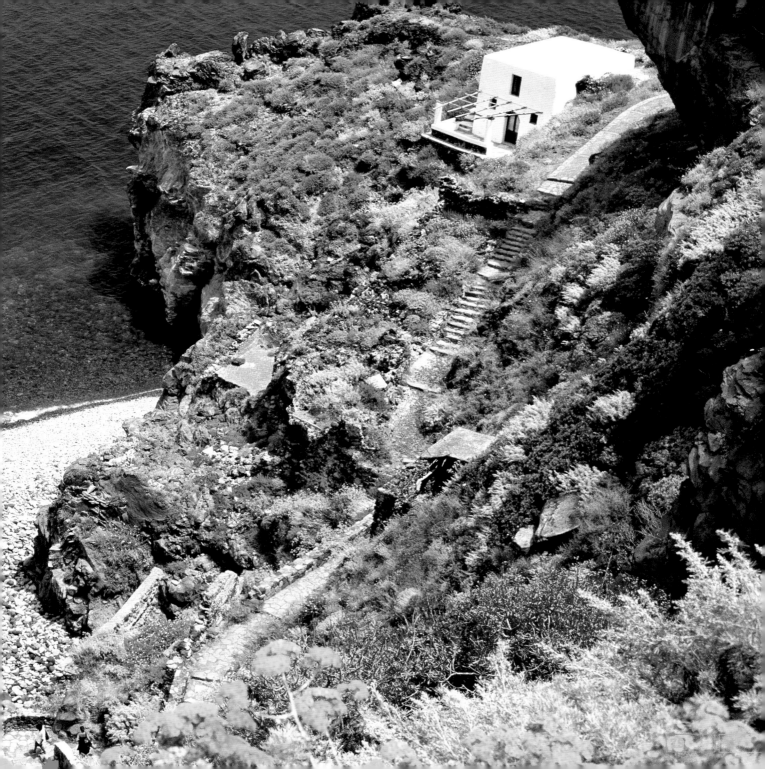

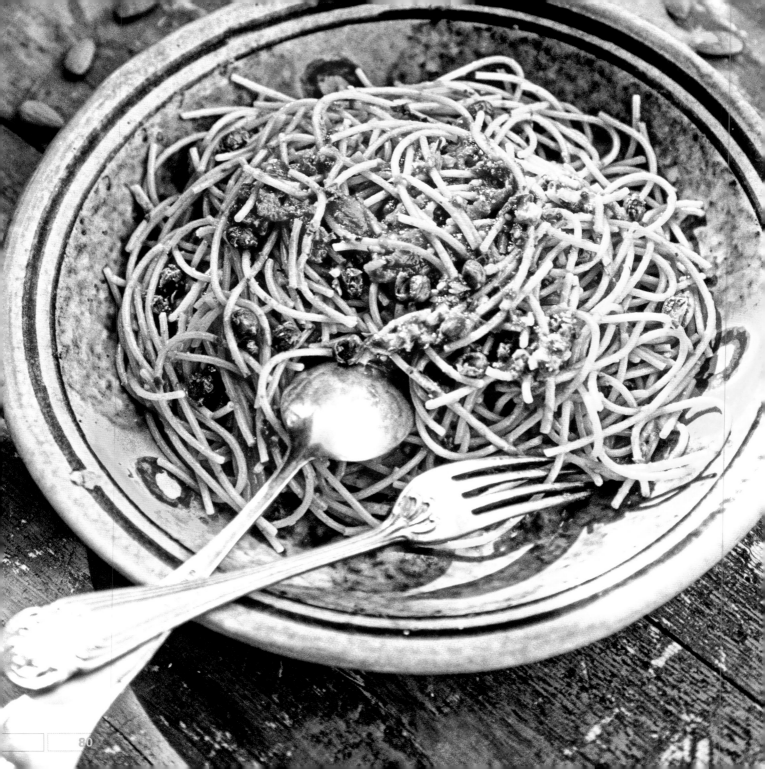

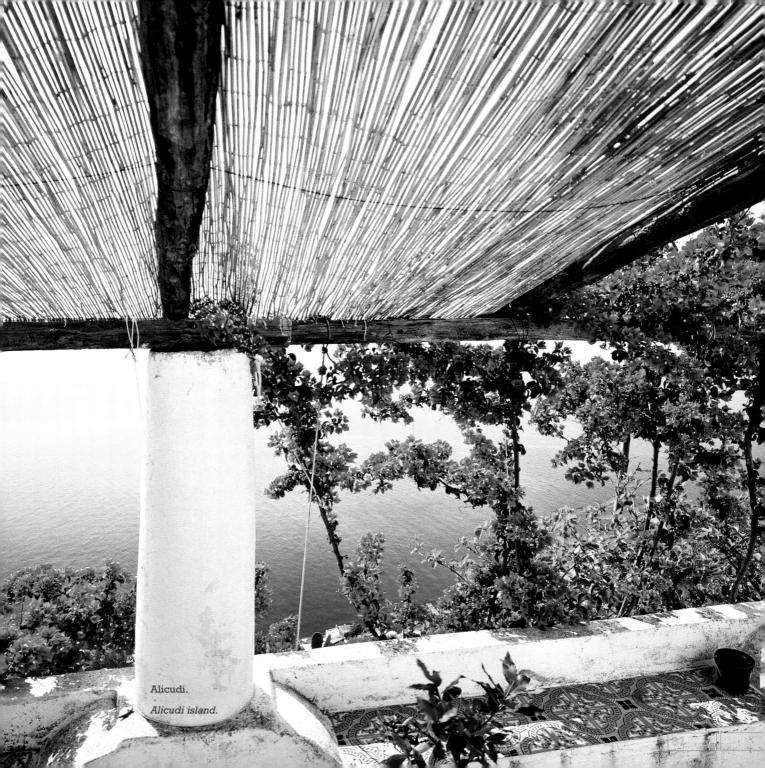

Alicudi.

Alicudi island.

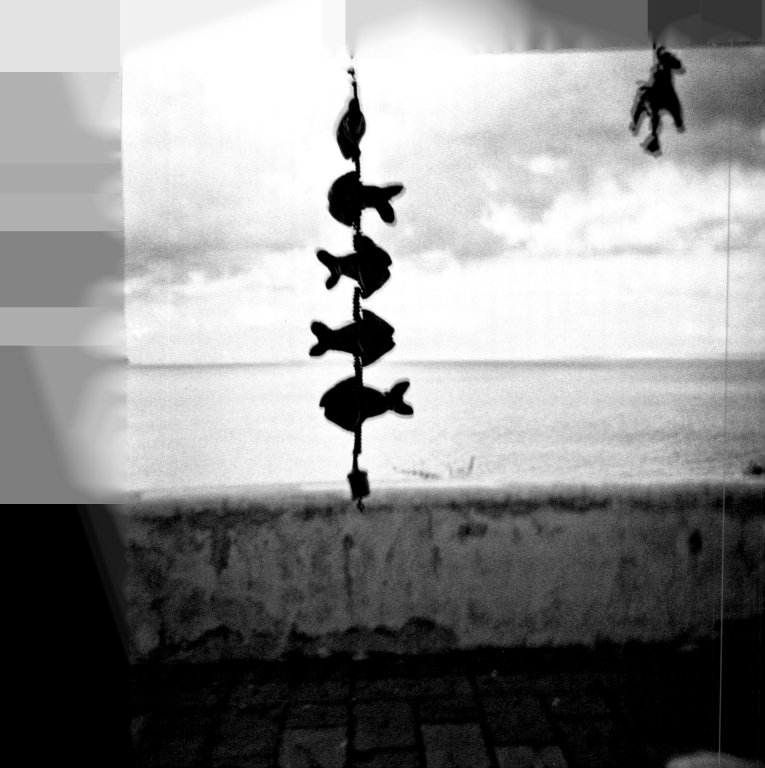

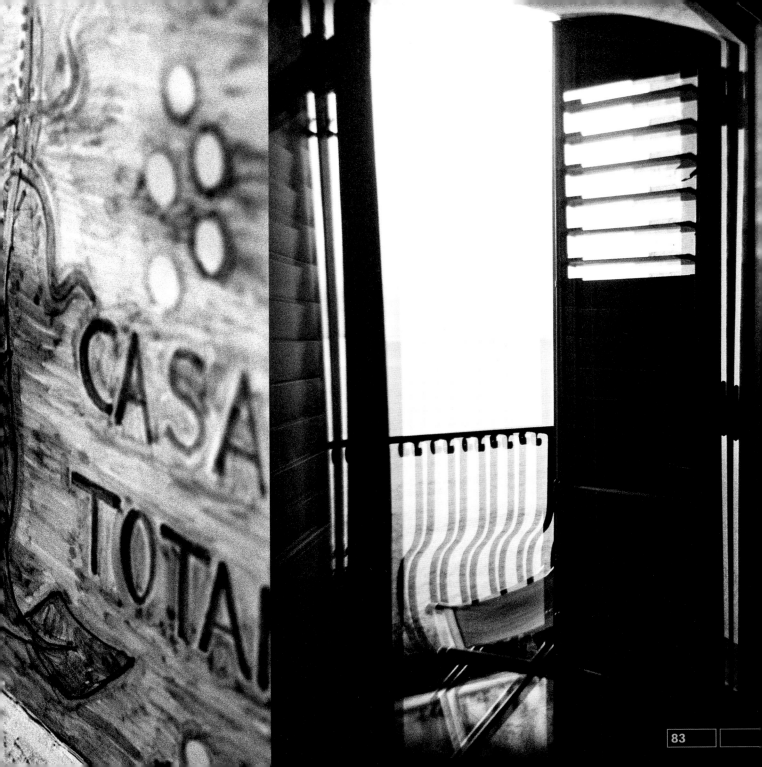

D'estate, soprattutto in agosto, le Eolie diventano, infatti, mete mondane e frequentate. Per il resto dell'anno, invece, trionfa la calma piatta, ed è possibile, almeno per qualche giorno, far perdere le proprie tracce. Io, che sono una fan del fuori stagione, sono riuscita a staccare il cellulare, a dimenticare il computer e a rilassarmi passando da un'isola all'altra, per carpirne i segreti. Il modo migliore per esplorare le sette isole di quest'arcipelago è dal mare, in caicco o su una barca a vela. Solo così, dall'acqua, si ammirano i piccoli borghi dal design eoliano e si scoprono scorci inediti. Come le spiagge di roccia nera di Stromboli e quelle bianche di Lipari, dove la pomice impalpabile degrada verso il blu del mare.

SURROUNDED BY THE SEA

During the summer months, especially in August, the Aeolian Islands in fact become a worldly and well-frequented destination. For the rest of the year however, tranquillity reigns and one can manage, at least for a few days, to disappear without trace. Die-hard fan of the off-season that I am, I was able to turn off my cell phone, forget my computer and just relax as I passed from one island to another, discovering their secrets. The best way to explore the seven islands of this archipelago is by sea, either in a caique or a sailboat. Only this way, from the water, can you admire the little villages of Aeolian design and catch sight of such unexpected spectacles as the beaches of black rock of Stromboli and the white ones of Lipari where the extraordinary pumice-stone descends towards the blue of the sea.

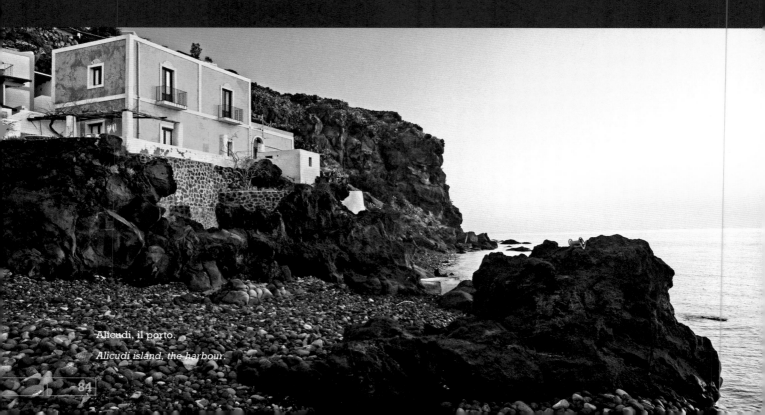

Alicudi, il porto.

Alicudi island, the harbour.

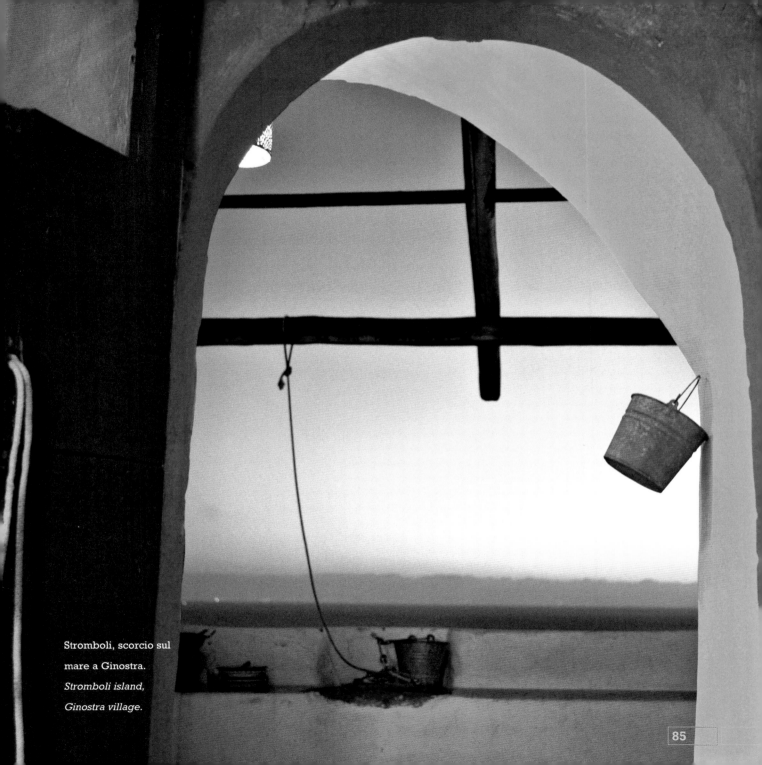

Stromboli, scorcio sul
mare a Ginostra.
Stromboli island,
Ginostra village.

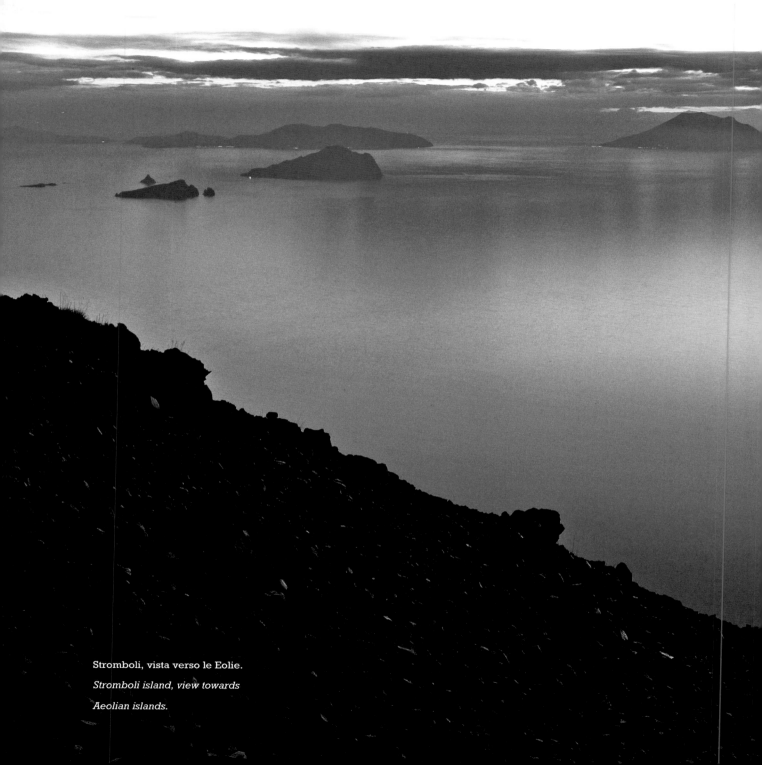

Stromboli, vista verso le Eolie.

Stromboli island, view towards

Aeolian islands.

le barche e le reti da pesca nelle acque di
messina e trapani

mare nostrum mare nostrum

the boats and fishing nets in the waters off
messina and trapani

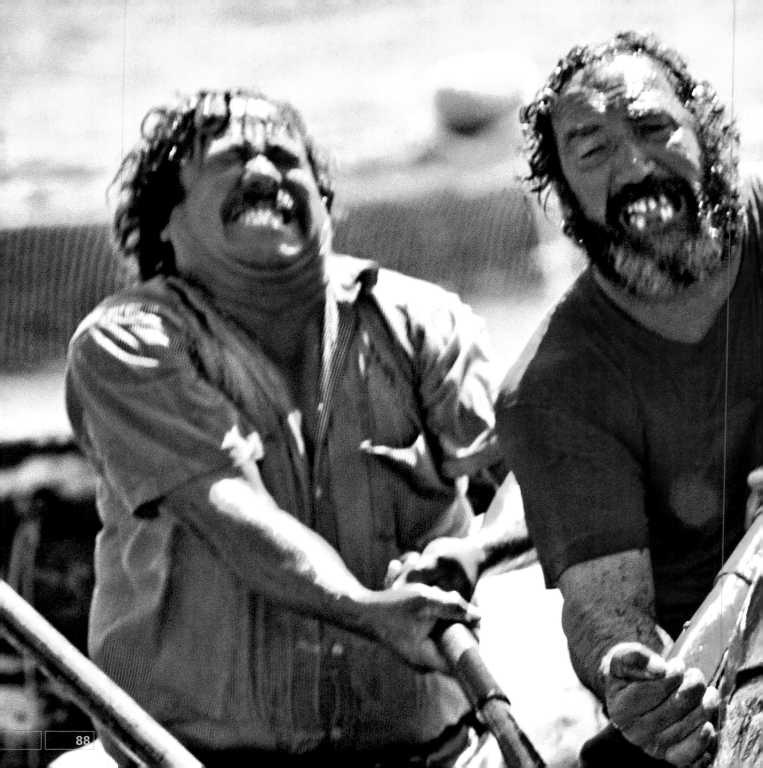

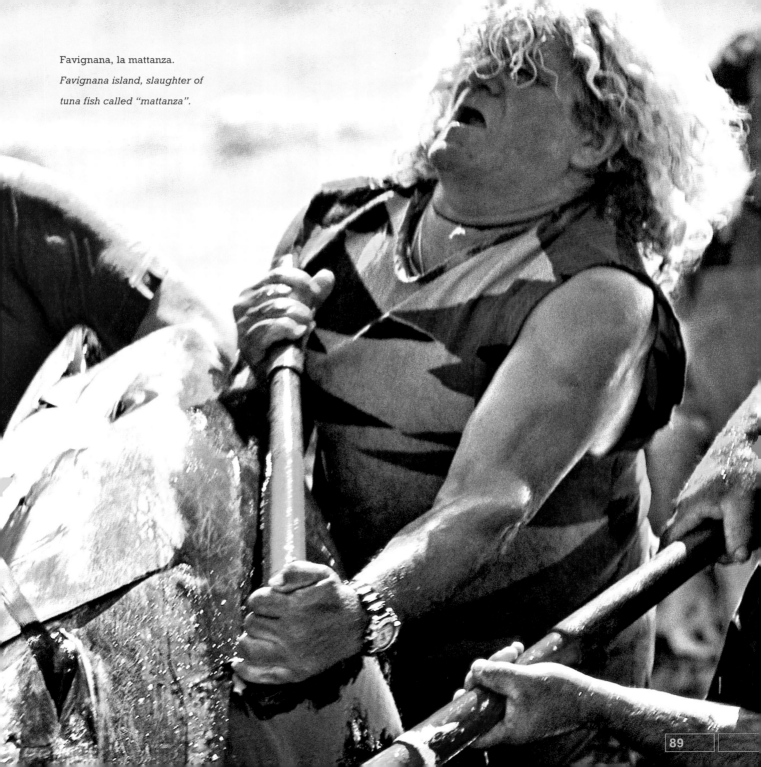

Favignana, la mattanza.
Favignana island, slaughter of
tuna fish called "mattanza".

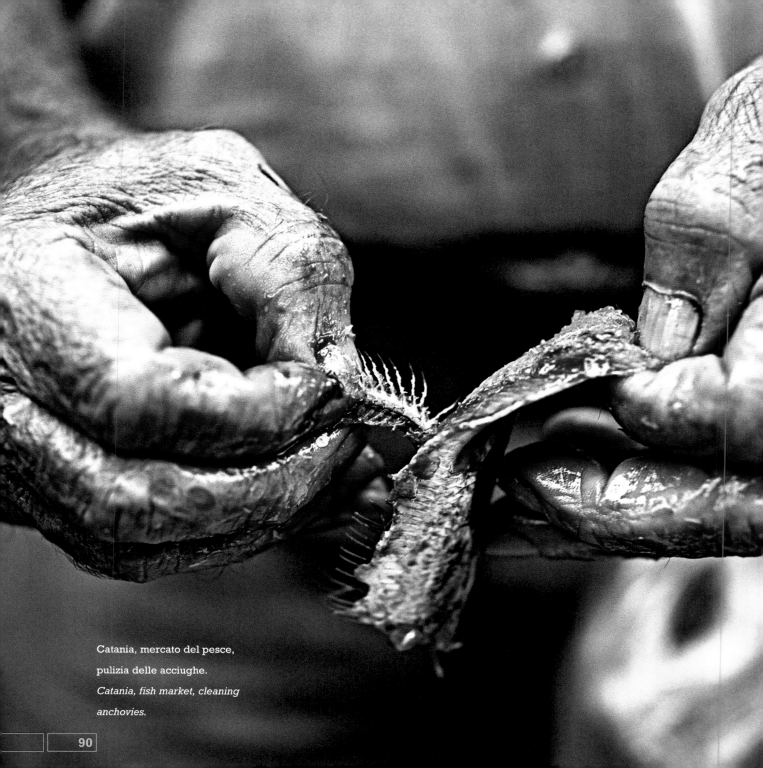

Catania, mercato del pesce,
pulizia delle acciughe.
*Catania, fish market, cleaning
anchovies.*

Nelle isole che punteggiano il mare di Sicilia, ma anche nei piccoli borghi della costa, la vita è ancora fatta di pesca. Come quella del pescespada nel messinese o quella del tonno nel trapanese. Pesche faticose, dall'origine remota che già gli arabi praticavano in queste acque, secoli fa. "Quando ero piccolo, – mi spiega Giovanni, della cooperativa di Marettimo – mio padre usciva per pescare il tonno nel mese di aprile. Lui e i suoi compagni usavano la tonnara, una rete dalla forma particolare, con maglie spesse e ancore galleggianti". Oggi non è più così. Questi grandi migratori del mare vengono intercettati con reti mobili. Alcuni pescatori hanno riconvertito i pescherecci per portare i visitatori alle spiagge o per escursioni di ittiturismo, un modo per provare l'emozione dell'antico rito della pesca.

On the islands that dot the sea around Sicily and in the little villages on the coast of the mainland too, life still depends on fishing: swordfish around Messina or tuna near Trapani. This kind of fishing is demanding and its origins remote. Centuries ago, the Arabs were already fishing these waters. "When I was a little boy" explains Giovanni, member of the fishing cooperative of Marettimo "my father went fishing for tuna in the month of April. He and his fellow fishermen used the tonnara: a net with a special shape, thick mesh and floating anchors". Today things have changed. These great migratory fish are intercepted by mobile nets. Some fishermen have converted their fishing boats in order to take visitors to outlying beaches or to take them on fishing trips so they can experience for themselves all the emotion of this ancient fishing ritual.

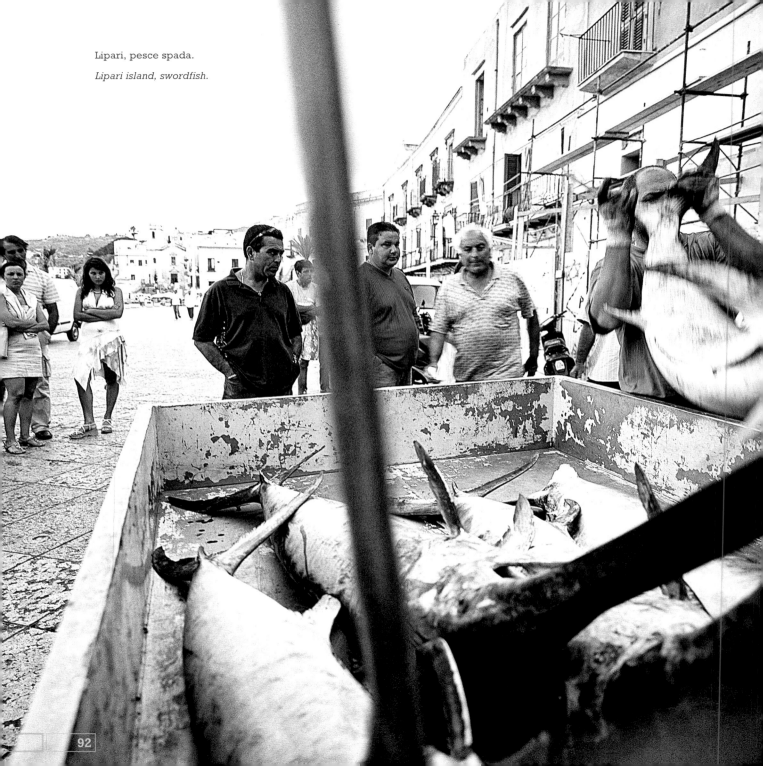

Lipari, pesce spada.

Lipari island, swordfish.

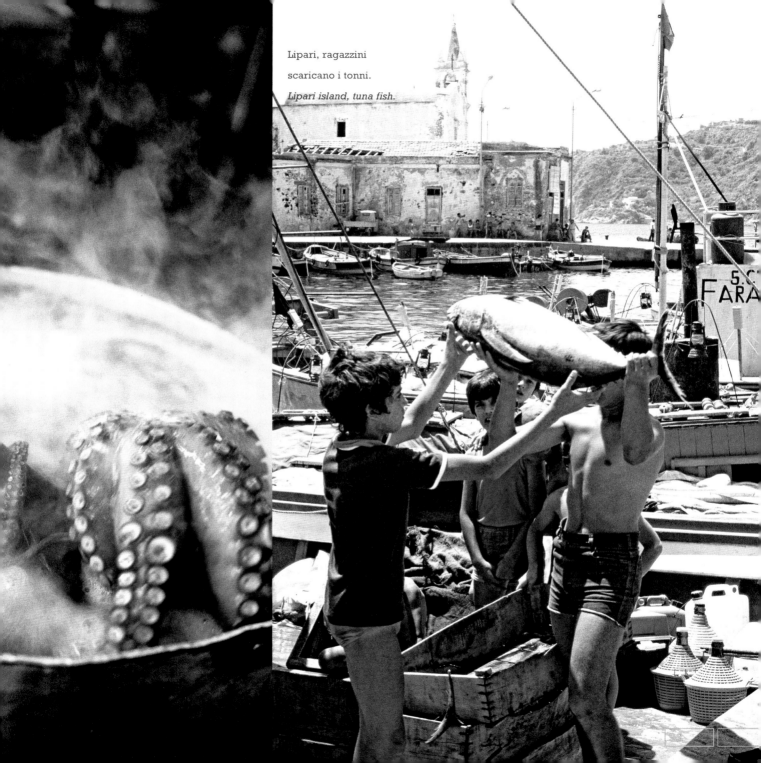

Lipari, ragazzini
scaricano i tonni.
Lipari island, tuna fish.

Dieci borghi sul mare, sparsi in tutta la Sicilia che si sono uniti in un circuito per far conoscere e tutelare la loro autenticità. Da Sciacca a Licata, da Cefalù a Mazara del Vallo, si può dormire in piccoli alberghi, b&b o affittare case tipiche, con terrazza sul mare che alla sera s'illumina con le luci delle lampare. Anche i ristoranti sono un omaggio al mare, dove il pesce viene preparato con ingredienti semplici. Molte dinastie di pescatori, gente di mare che insegue da tempo tonni e branchi di pesce azzurro, hanno aperto le loro cucine, all'interno delle pescherie. Come i Marmoreo di Mazara del Vallo. Tavoli di legno spartani, ambienti senza fronzoli, dove assaggiare palombo all'aglio, totani ripieni, insalate di pesce con agrumi, polipi bolliti con prezzemolo.

THE TASTE OF THE SEA

Ten villages on the sea, scattered throughout Sicily, have united to make a circuit to protect their integrity and showcase their history. From Sciacca to Licata, from Cefalù to Mazara del Vallo, you can sleep in small hotels, bed and breakfast rooms or rent a house typical of the area with a terrace overlooking the sea which is illuminated by the lights of the lampare (fishing lights) in the evening. Even the restaurants pay homage to the sea. Fresh fish is prepared with the simplest of ingredients. There are entire dynasties of fishermen, seafarers like the Marmoreo family in Mazara del Vallo, who have hunted tuna and schools of bluefish for generations who have opened the kitchens within their fish markets to the public. At plain wooden tables in a no-frills environment you can taste garlic dogfish, stuffed cuttlefish, fish salad with citrus and boiled octopus served with parsley.

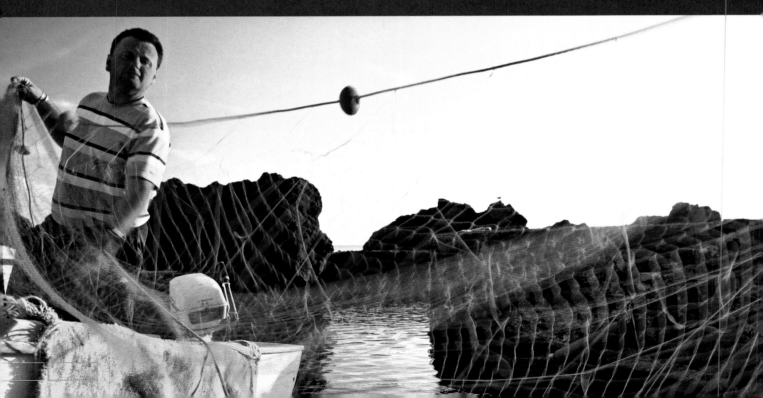

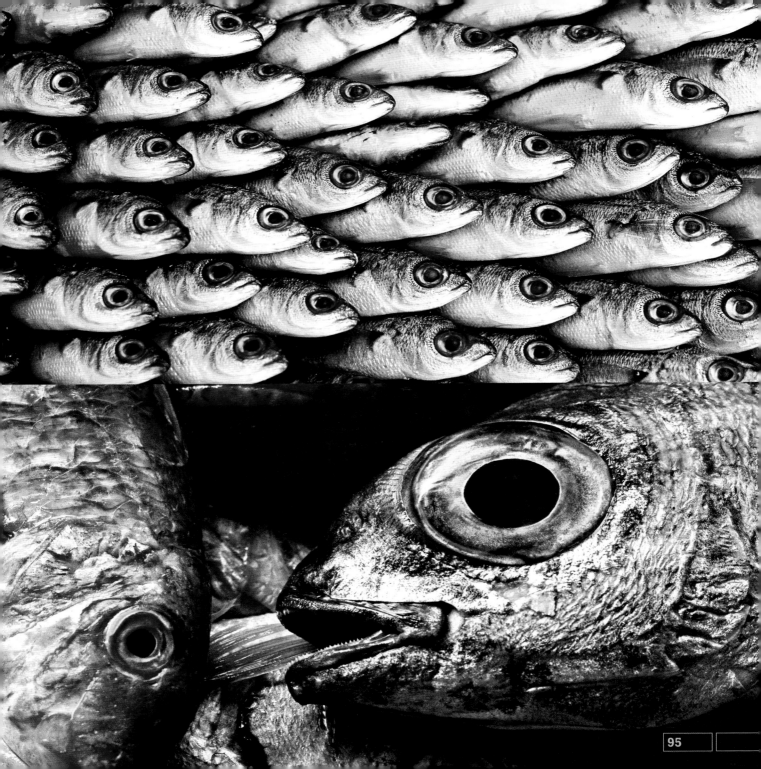

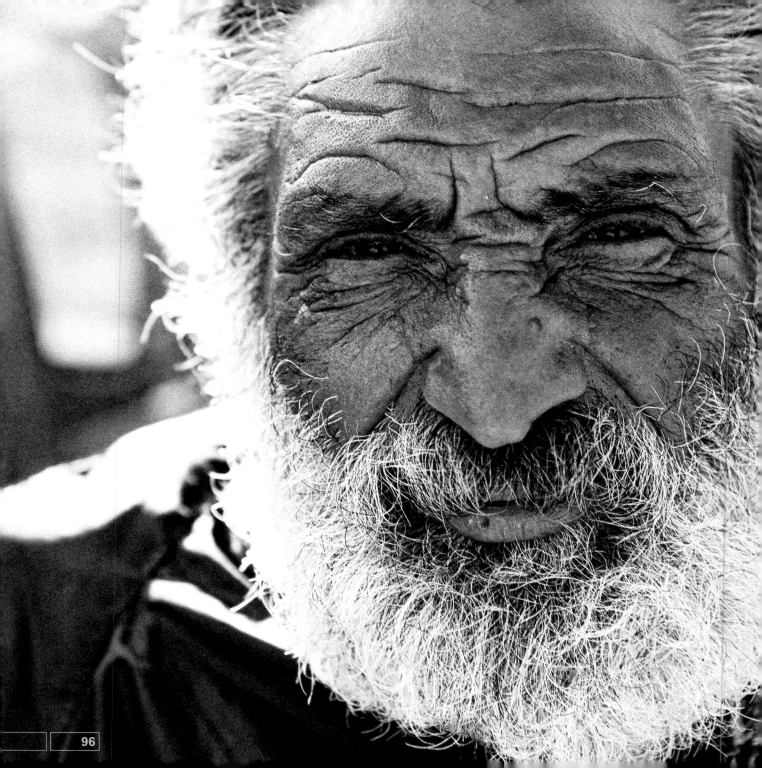

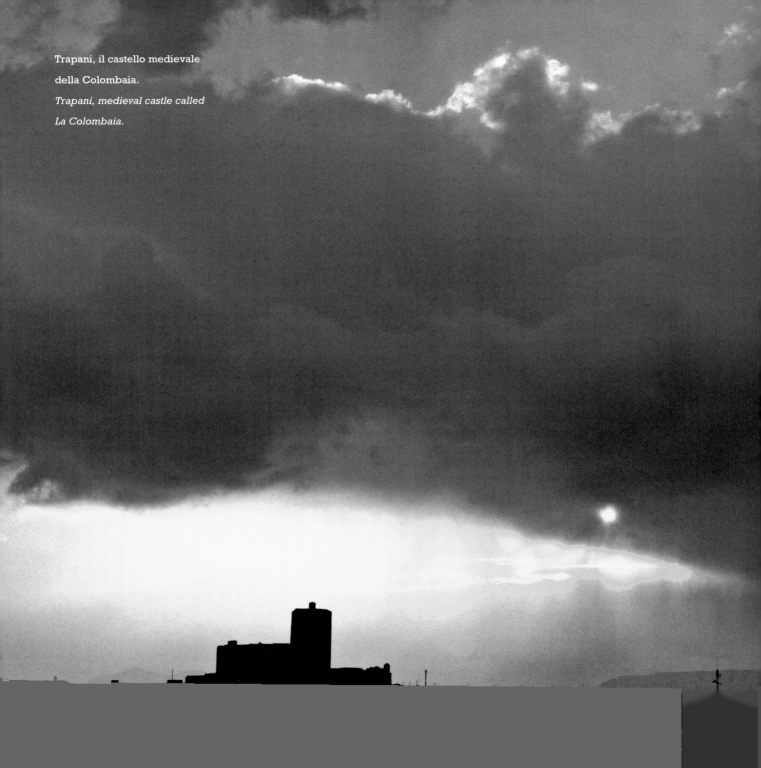

Trapani, il castello medievale
della Colombaia.
Trapani, medieval castle called
La Colombaia.

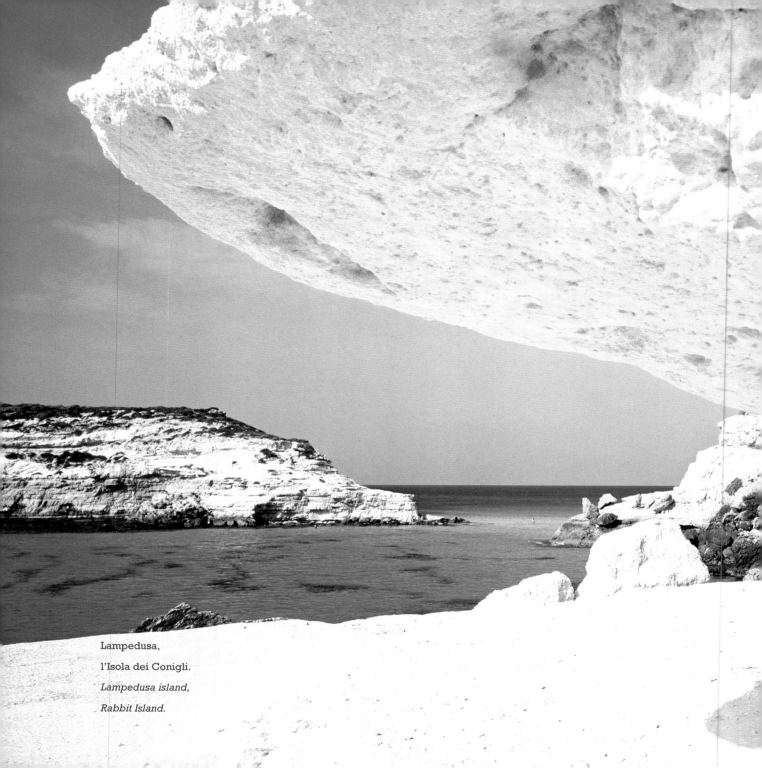

Lampedusa,
l'Isola dei Conigli.
Lampedusa island,
Rabbit Island.

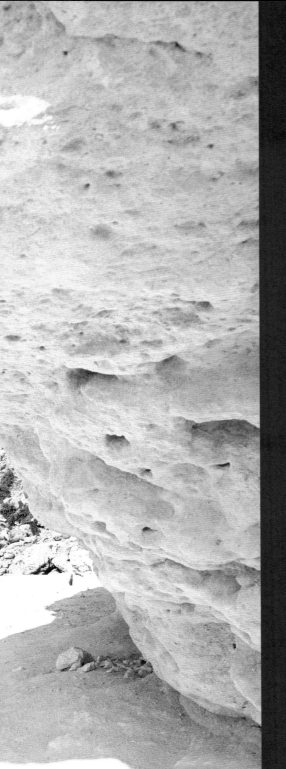

lampedusa, pantelleria e linosa, piccole
isole tra due continenti

in rotta verso l'africa en route to africa

lampedusa, pantelleria and linosa: little
islands between two continents

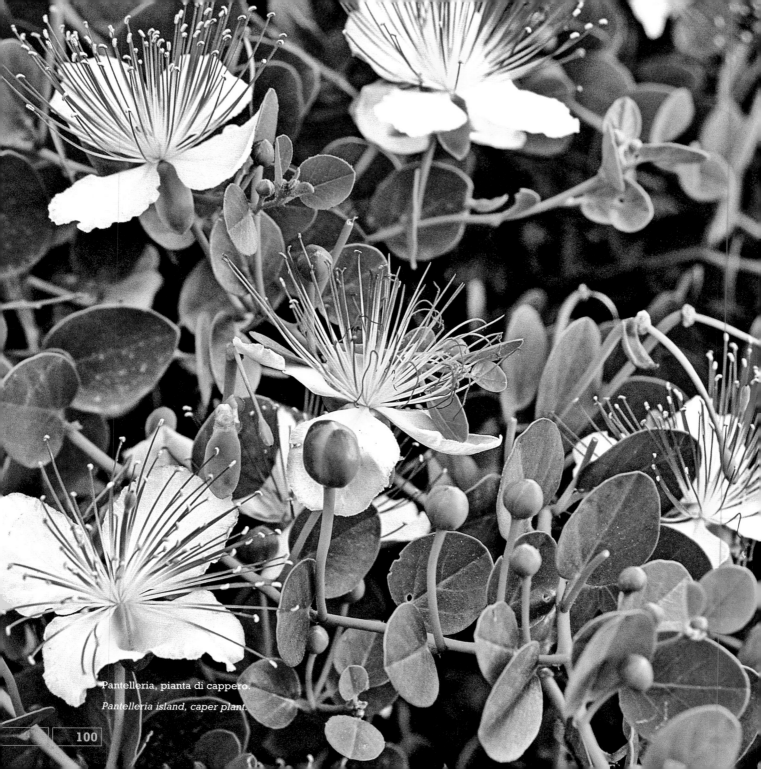

Pantelleria, pianta di cappero.

Pantelleria island, caper plant.

Sono partita in nave da Trapani e dopo qualche ora mi è apparsa Pantelleria, un intreccio di grotte, archi naturali, scogli, ripide pareti di lava solidificata. Salendo sulla Montagna Grande si può spingere lo sguardo verso l'Africa e ammirare la geometria dei campi coltivati a capperi, pietre aromatiche e vigneti di zibibbo. Ho dormito in uno dei tanti dammusi, le abitazioni cubiche che punteggiano l'entroterra, architetture antiche ed essenziali. Lampedusa colpisce con sensazioni ugualmente intense e prima di tutto i colori: la sabbia chiara della spiaggia della Guitgia, il mare turchese, le grotte rossastre per il ferro. Questo senso di pace mi ha invaso ancor più quando ho raggiunto Linosa, con pochi minuti di barca da Lampedusa. È un puntino di terra nel mare, dove ci si sente distanti dal mondo ma vicini alla natura e a se stessi.

I left Trapani on a ship and after a few hours Pantelleria appeared before me: a tapestry of caves, natural arches, boulders, steep walls of solidified lava. Ascending the Montagna Grande you can look towards Africa and admire the geometry of the caper fields, fields of aromatic herbs and vineyards of Zibibbo grapes. I slept in one of the many dammusi, the square houses that dot the interior of the island, examples of an ancient and essential architecture. Lampedusa strikes you with equally intense sensations, the foremost of which is the colour: the light sand of Guitgia beach, the turquoise sea, and the caves coloured red by iron deposits. The feelings of peace and serenity were stronger still when I reached Linosa, a few minutes away from Lampedusa by boat. It is a tiny dot of land in the sea where you feel far far away from the world but very close to nature and to oneself.

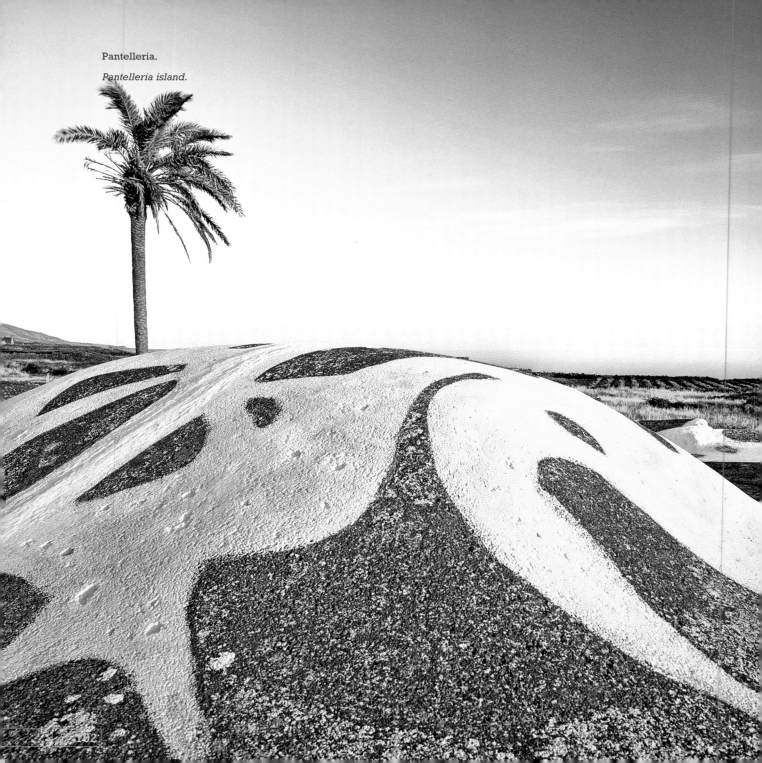

Pantelleria.

Pantelleria island.

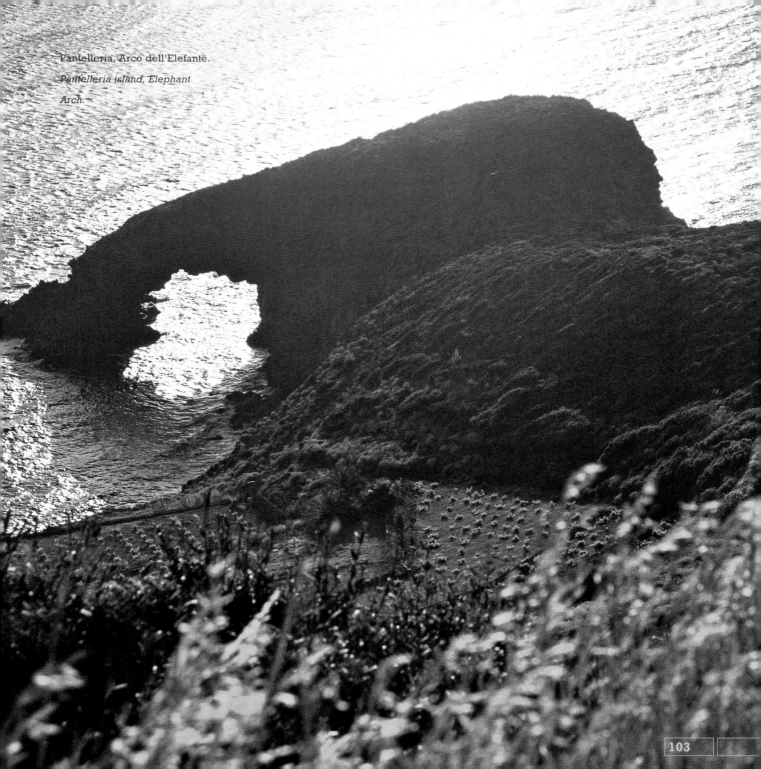

Pantelleria, Arco dell'Elefante.
*Pantelleria island, Elephant
Arch.*

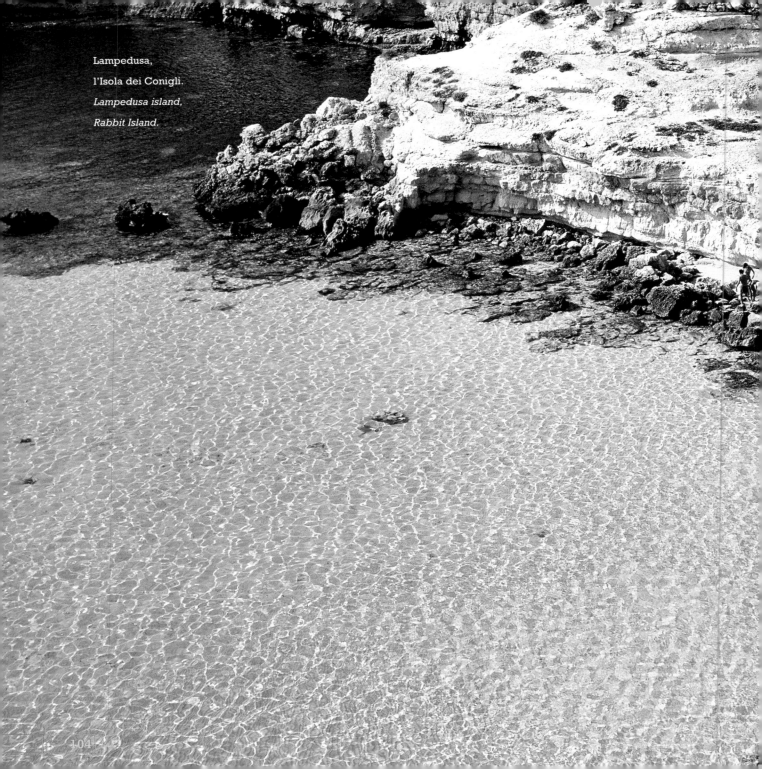

Lampedusa,
l'Isola dei Conigli.
Lampedusa island,
Rabbit Island.

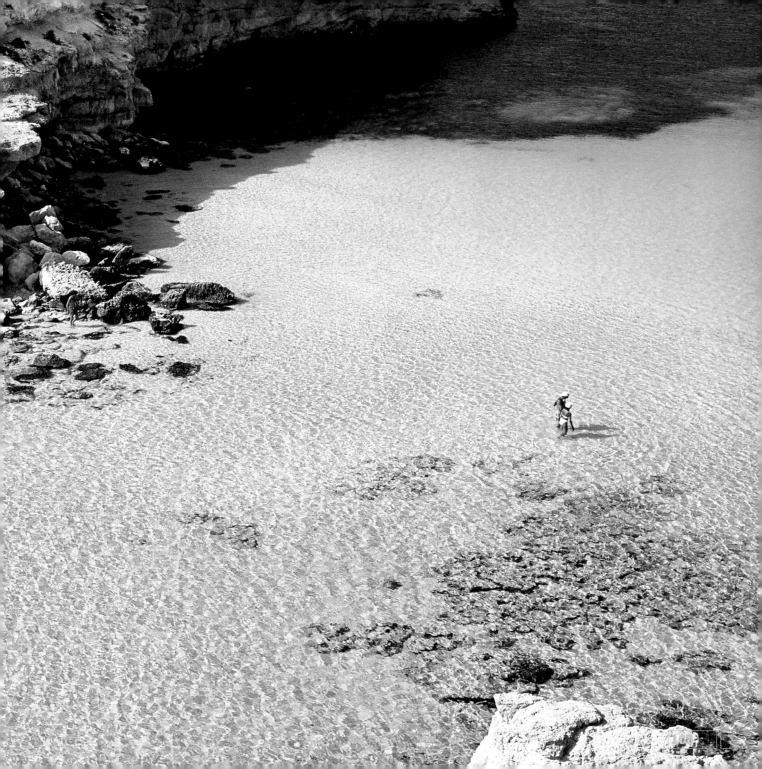

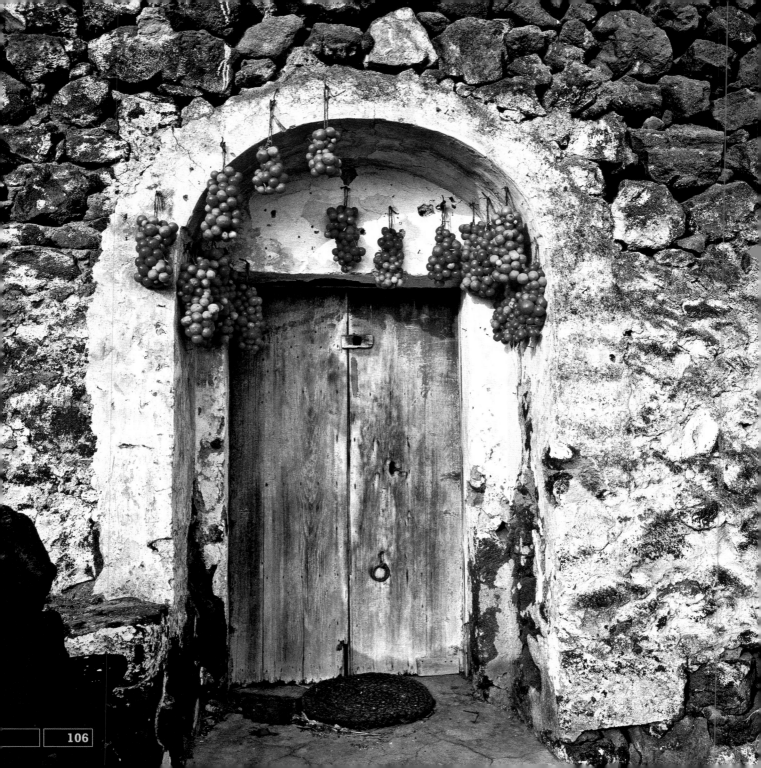

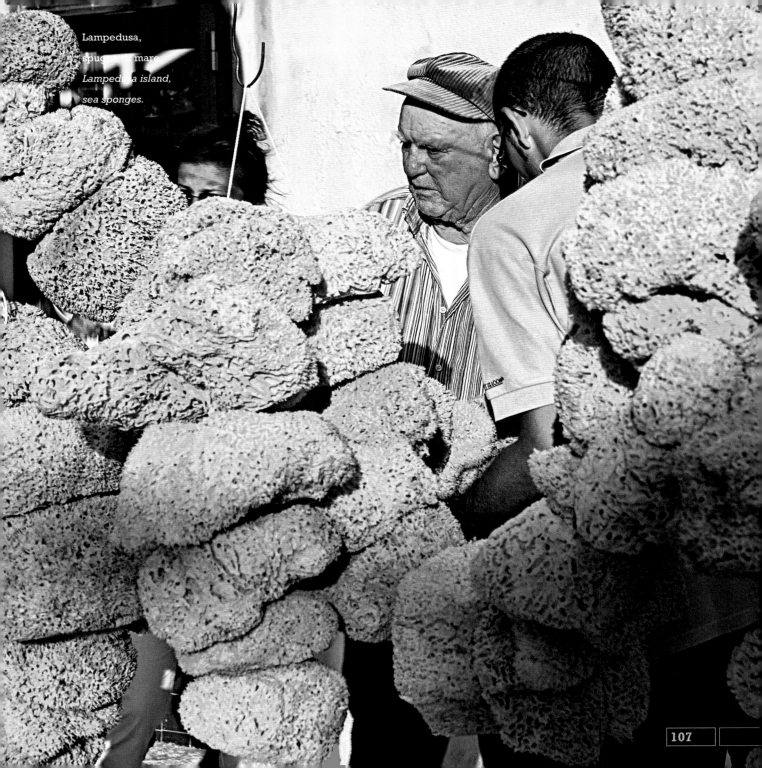

Lampedusa,
spugne di mare.
*Lampedusa island,
sea sponges.*

IN COMPAGNIA DELLE TARTARUGHE

Nelle isole Pelagie lo spettacolo più emozionante va in scena tra la sabbia. Nell'Isola dei Conigli, quasi attaccata a Lampedusa, e sulle coste di Linosa, nella scura caletta Pozzolana di Ponente, in estate si dischiudono le uova della tartaruga Caretta Caretta. È una specie protetta, seguita con amore dai volontari delle organizzazioni ambientaliste, che lottano per preservarne l'esistenza nel Mediterraneo. Li ho visti all'opera con tutto il loro entusiasmo nel Centro di Recupero Tartarughe Marine del WWF, in Contrada Grecale a Lampedusa, dove vengono curati gli esemplari ammalati o feriti. Ogni anno, quando la maggior parte degli animali sono guariti e pronti per tornare al mare, viene organizzata la "liberazione delle tartarughe", tra l'emozione generale dei presenti.
(Nella foto il biologo Stefano Nannarelli con una tartaruga a Linosa.)

IN THE COMPANY OF SEA TURTLES

On the Pelagie islands a most exciting show takes place on the sand. During the summer the eggs of loggerhead sea turtles hatch out on the island Isola dei Conigli, which is almost attached to Lampedusa and on the coast of Linosa in the dark Pozzolana di Ponente bay. The loggerhead is a protected species, lovingly watched over by volunteers from environmental organizations that are all fighting to maintain its survival in the Mediterranean. I saw them at work with their great spirit of enthusiasm in the WWF Sea Turtle Recovery Centre in Contrada Grecale on Lampedusa, where sick or injured turtles are treated. Each year when most of the animals have healed and are ready to return to the sea, a great "liberation of the turtles" is organized with great fervour of all present.
(In the picture the biologist Stefano Nannarelli with a turtle in Linosa island.)

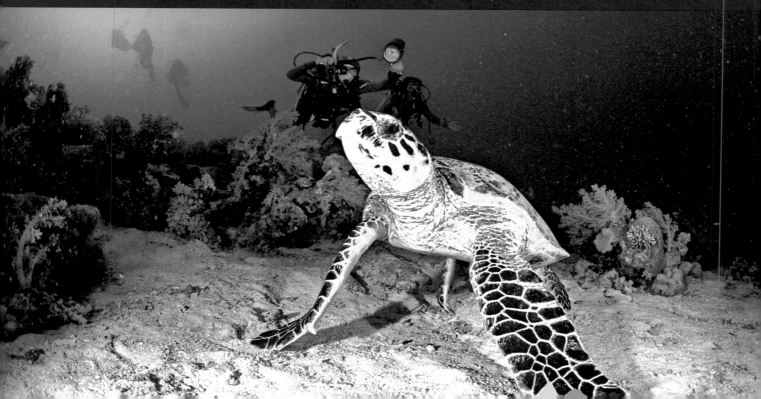

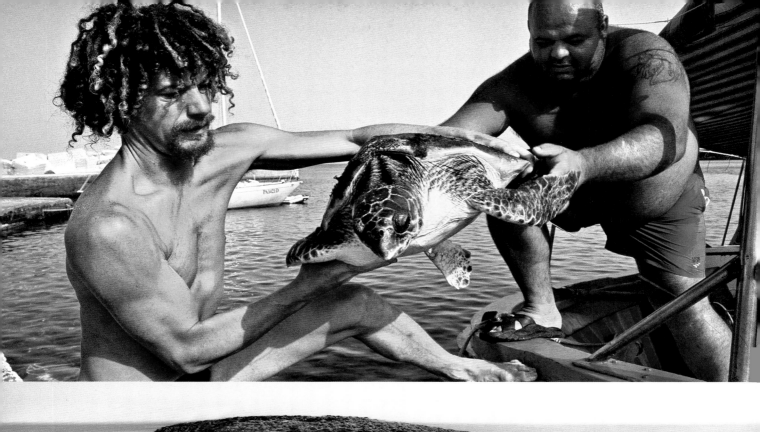

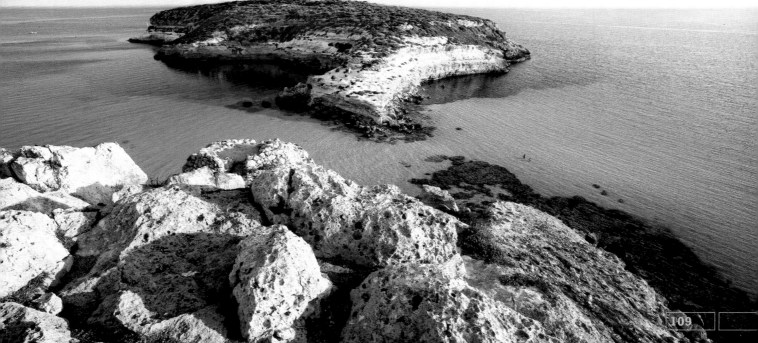

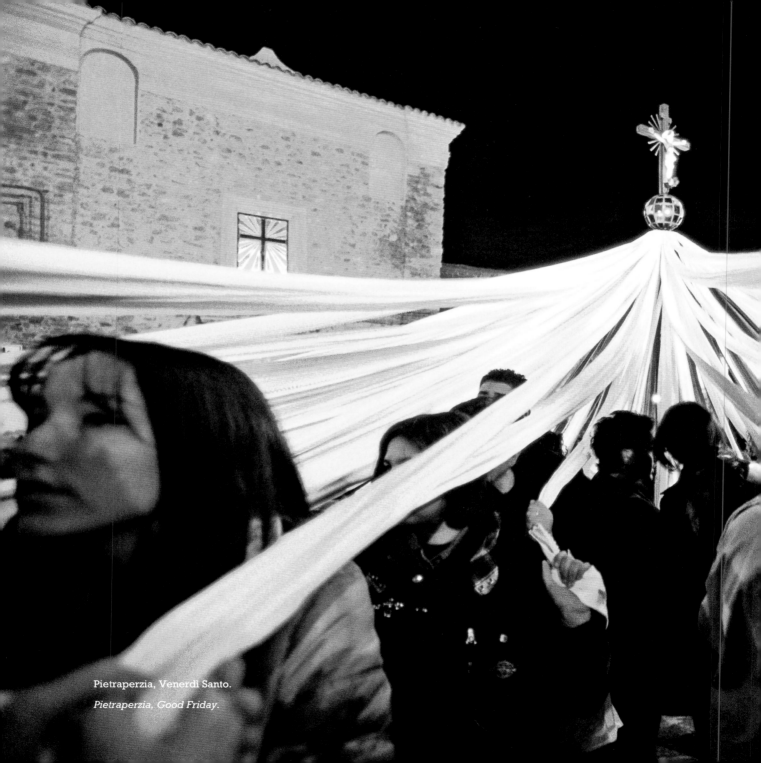

Pietraperzia, Venerdì Santo.

Pietraperzia, Good Friday.

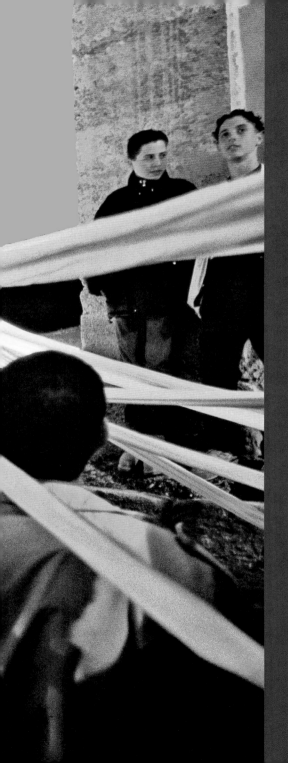

feste di piazza e grandi processioni
pasquali a enna e caltanissetta

le sante
passioni holy
passions

festivals in the piazzas and great easter
processions in enna and caltanissetta

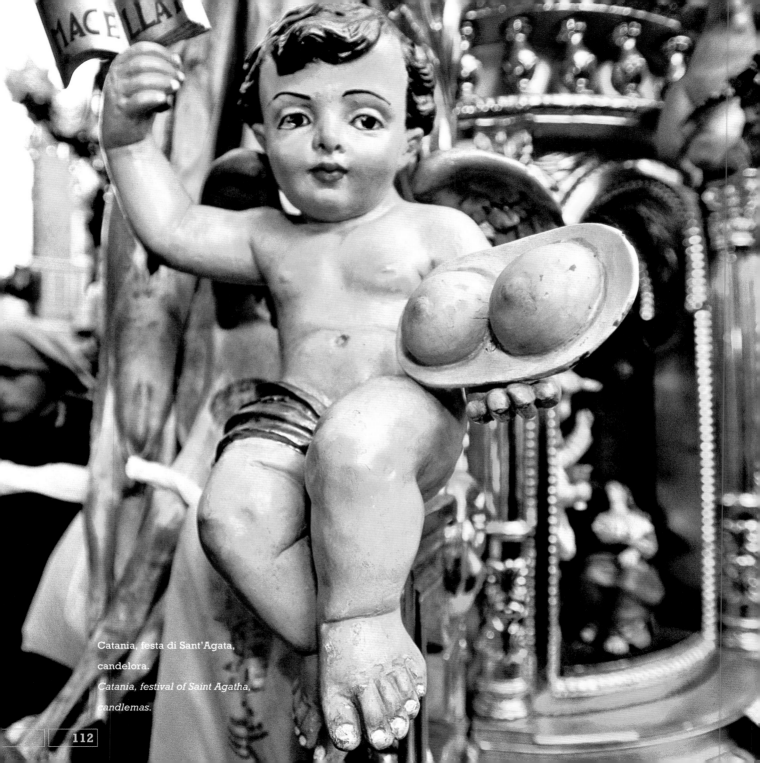

Catania, festa di Sant'Agata,
candelora.
*Catania, festival of Saint Agatha,
candlemas.*

Sul sagrato della chiesa di Enna, nell'ombelico della Sicilia, la processione sta per avere inizio. "Mi commuovo ogni volta che vengo qui", mi dice Maria che viene qui spesso. Ogni anno, quando arriva la Settimana Santa, lascia il suo paese per seguire le confraternite incappucciate che danno vita a un corteo molto suggestivo. La settimana che precede la Pasqua svela il concentrato spirituale della Sicilia. Non c'è paese, di campagna o di mare, che non abbia la sua processione. A Marsala e a Trapani c'è quella dei Misteri, in cui si mette in scena la passione di Cristo. A Prizzi, non distante da Palermo, si svolge invece il Ballo dei Diavoli. I demoni, vestiti di rosso, e la morte, vestita di giallo, cercano di impedire l'incontro tra le statue del Cristo risorto e della Madonna. L'incontro ci sarà. E il bene trionferà sul male.

In the church square of Enna, in the middle of Sicily (the Greeks called it the "umbelicum"; the navel of Sicily), a procession is about to begin. "Every time, I find this so moving" says Maria who comes here often. Each year, when Holy Week comes around, she leaves her own town in order to follow the hooded confraternities that give life to this very evocative procession. The week prior to Easter reveals the intensity of Sicilian spirituality. There is not one town in the countryside or by the sea, that doesn't have its own procession. Marsala and Trapani have one of the Mystery plays, where the passion of Christ is re-enacted. In Prizzi, not far from Palermo, the Ballo dei Diavoli (Devils' Ball) takes place. The Demons, dressed in red, and Death, all in yellow, try to keep the statues of the resurrected Christ and the Madonna from meeting. They do meet of course and good triumphs over evil.

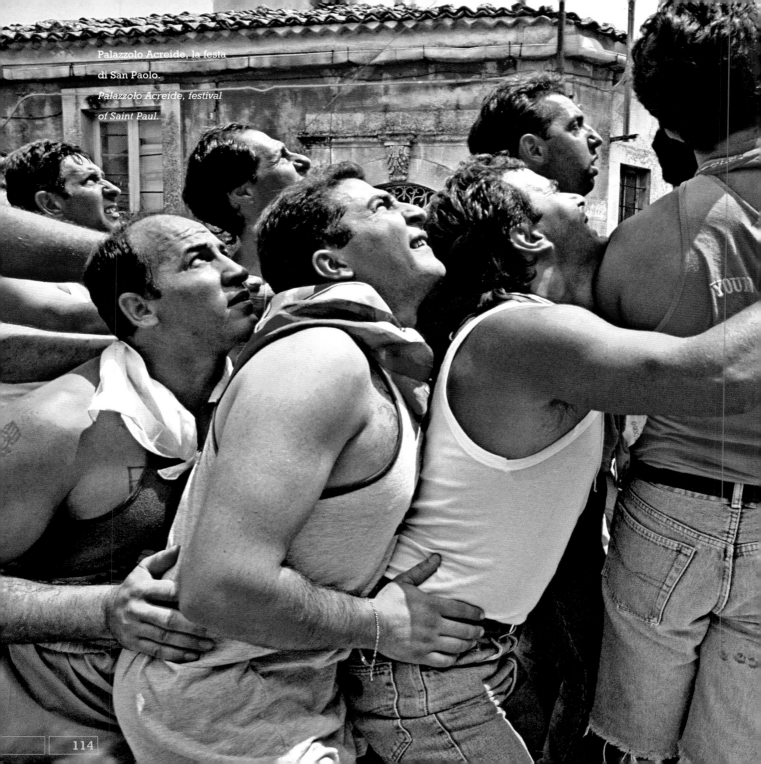

Palazzolo Acreide, la festa
di San Paolo.
*Palazzolo Acreide, festival
of Saint Paul.*

114

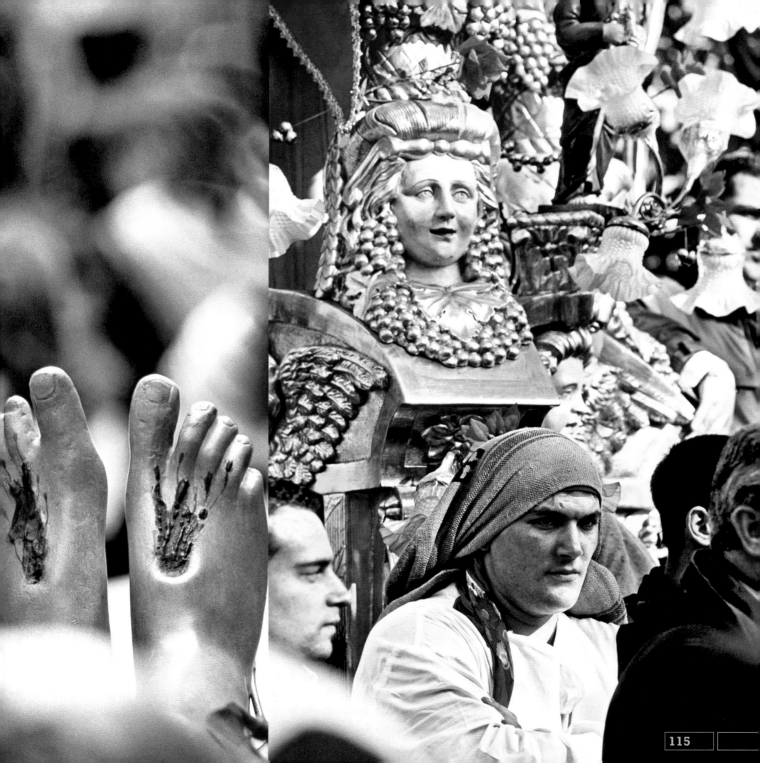

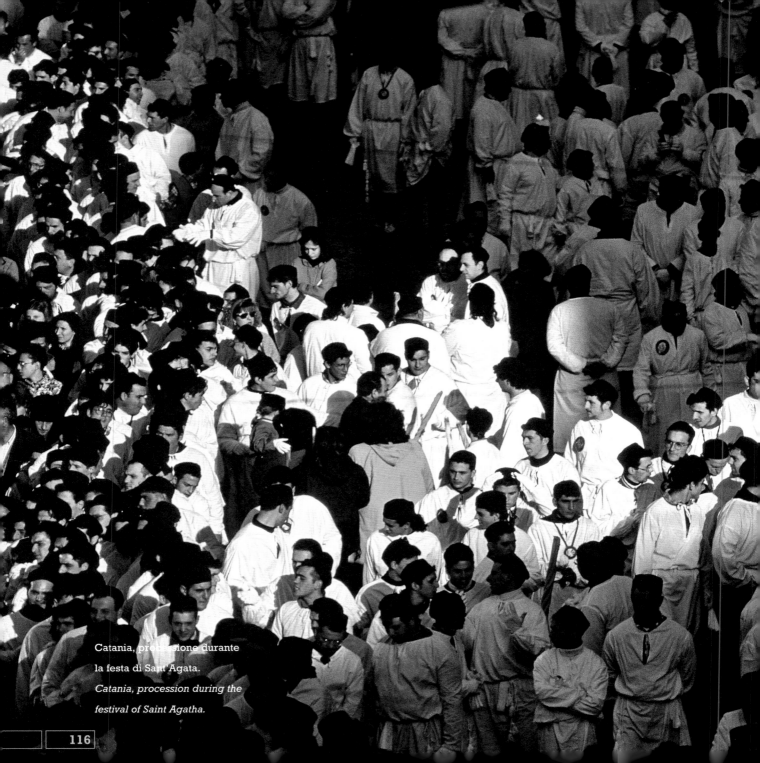

Catania, processione durante
la festa di Sant'Agata.
Catania, procession during the
festival of Saint Agatha.

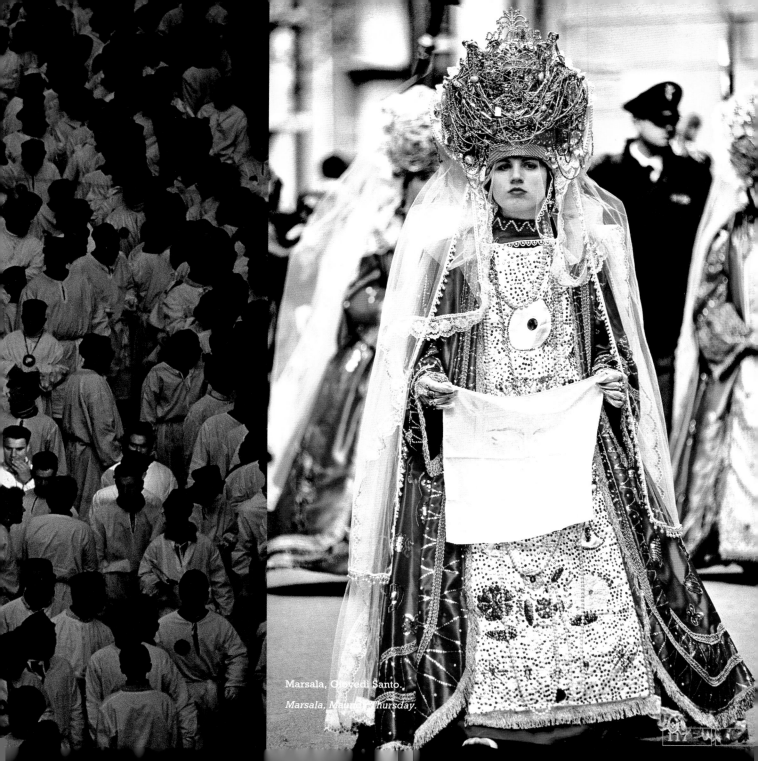

Marsala, Giovedì Santo.

Marsala, Maundy Thursday.

A febbraio, a Catania, si tiene la festa di Sant'Agata che rivaleggia per spettacolarità con la settimana Santa di Siviglia e la Festa del Corpus Domini a Cuzco, in Perù. A luglio, invece, Palermo celebra la sua patrona, Santa Rosalia, con sfilate, carri e fuochi d'artificio. Ma in Sicilia non si festeggiano soltanto i santi. Sapevo che in febbraio, ad Agrigento, nello scenario della valle dei Templi, si svolge la Sagra del Mandorlo in fiore che celebra l'arrivo della primavera, con un tripudio di colori bianco e rosa. Quello che però non sapevo quando mi sono trovata lì, è che la sagra è diventata nel corso degli anni sempre più importante, tanto da ospitare un festival di folclore, con musica, teatro e ristoranti che propongono menù a base di mandorle, dall'antipasto al dolce.

SAINTS BUT NOT ONLY SAINTS

In February, in Catania, the festival of Saint Agatha is held and it rivals the Holy Week celebrations in Seville and the Feast of the Corpus Christi in Cuzco, Peru. On the other hand, in July, Palermo celebrates its patron saint: Saint Rosalie, with parades, floats and fireworks. But in Sicily not only Saints are celebrated. I knew that in February in Agrigento, with the Valley of the Temples as the backdrop, the Sagra del Mandorlo in fiore (Festival of the Flowering Almond Tree) takes place, celebrating the coming of spring, with revelry of white and pink. What I didn't know when I found myself there is that the festival has become more and more important with passing years, so much so that it includes a folklore festival with music, theatrical presentations and restaurants that serve meals prepared with almonds in everything from the appetizer to the dessert.

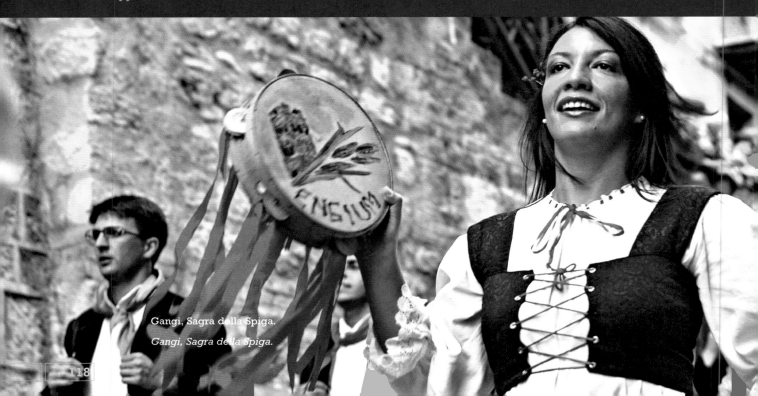

Gangi, Sagra della Spiga.
Gangi, Sagra della Spiga.

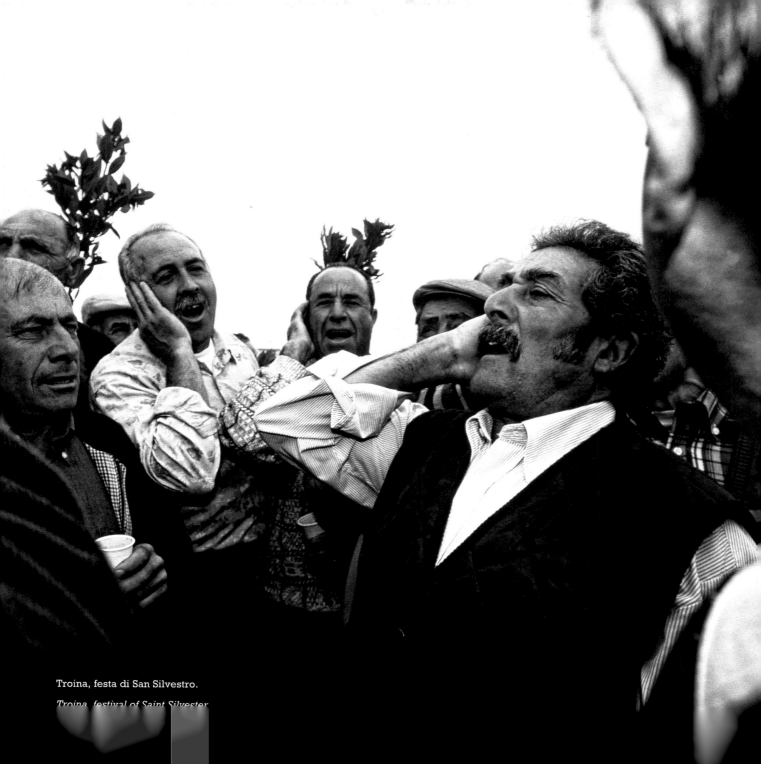

Troina, festa di San Silvestro.

Troina, festival of Saint Silvester.

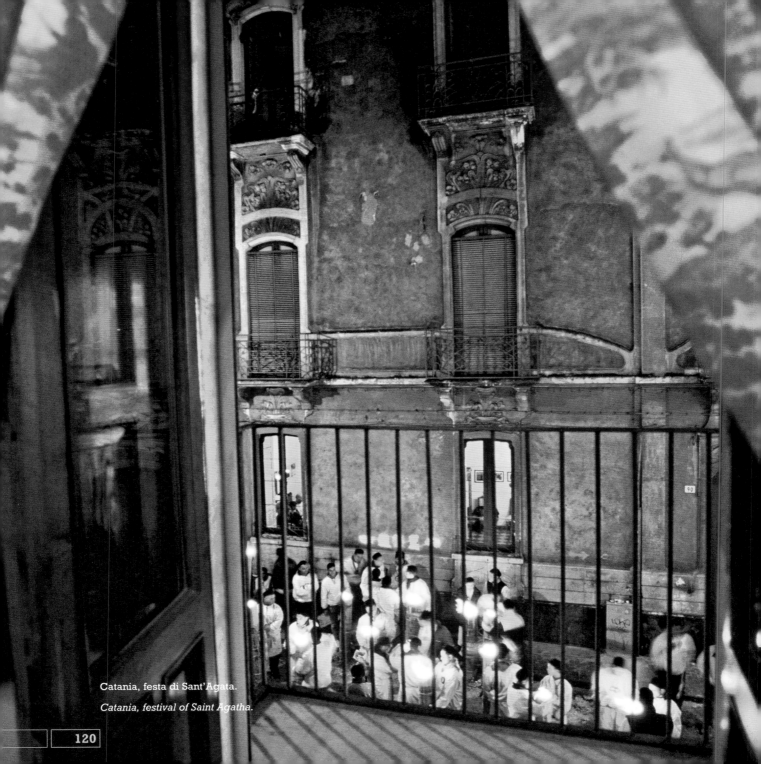

Catania, festa di Sant'Agata.

Catania, festival of Saint Agatha.

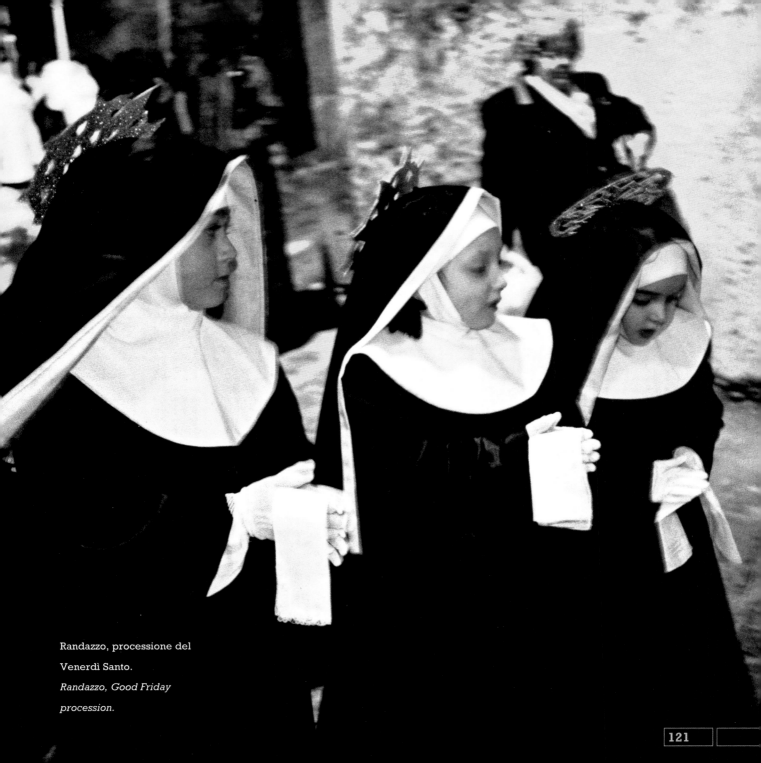

Randazzo, processione del
Venerdì Santo.
Randazzo, Good Friday
procession.

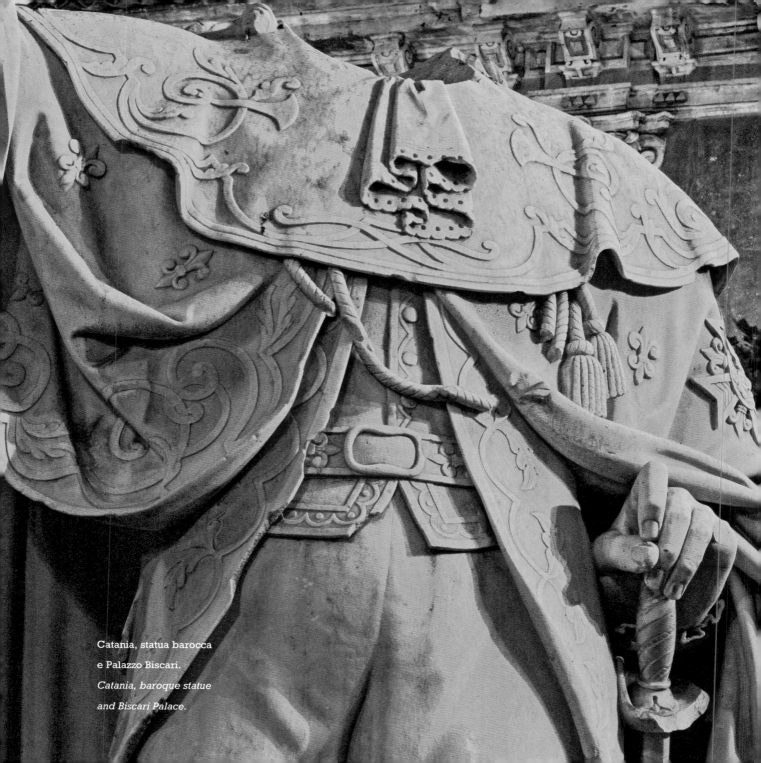

Catania, statua barocca
e Palazzo Biscari.
*Catania, baroque statue
and Biscari Palace.*

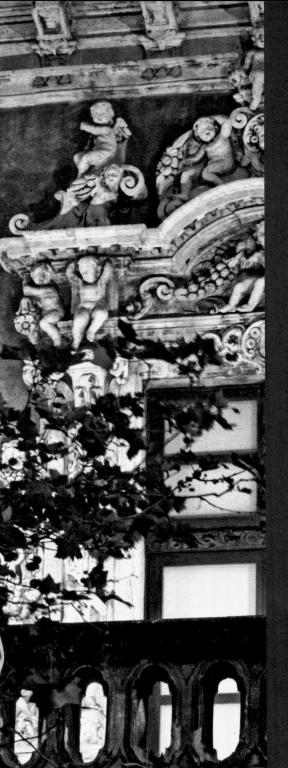

noto, ragusa, modica, scrigni di architetture
perfettamente conservate

intarsi
barocchi
baroque
inlaid work

noto, ragusa and modica, coffers of
perfectly preserved architecture

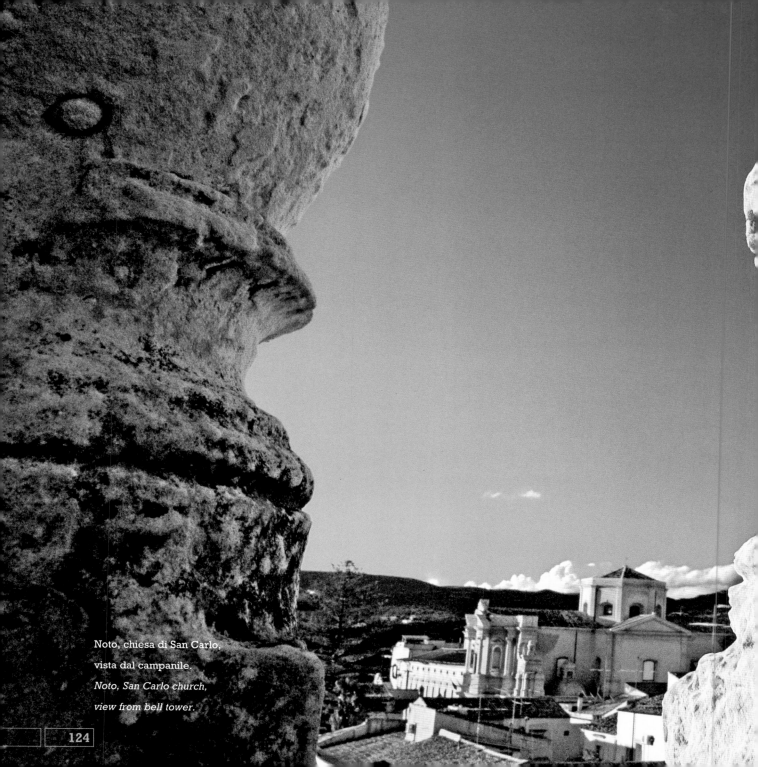

Noto, chiesa di San Carlo,
vista dal campanile.
*Noto, San Carlo church,
view from bell tower.*

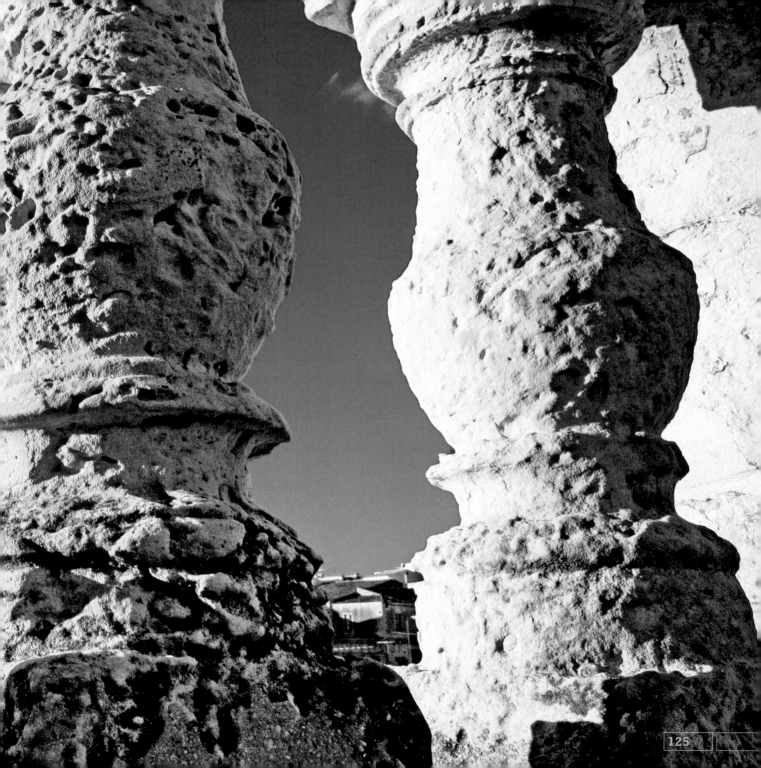

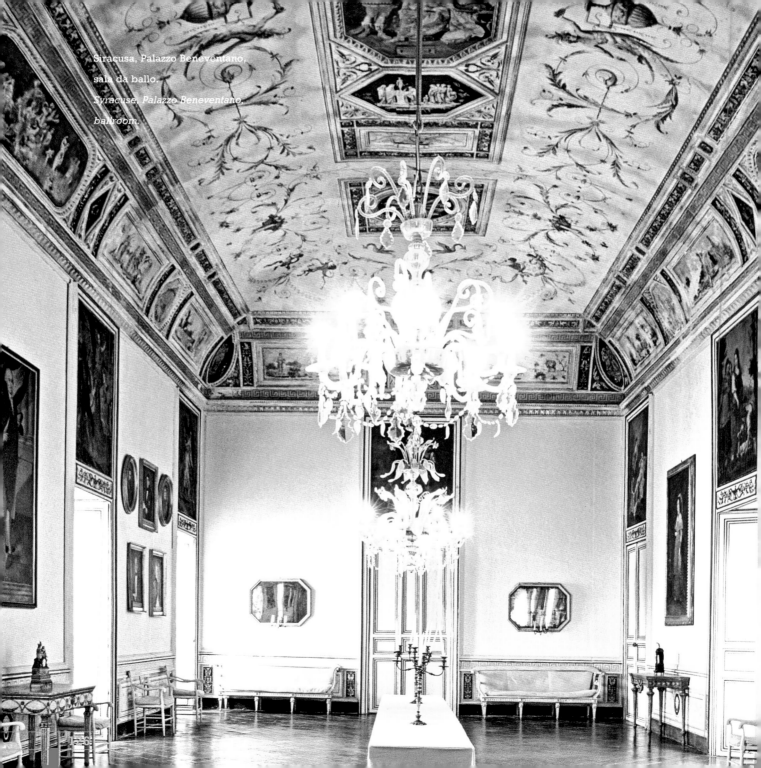

Siracusa, Palazzo Beneventano,
sala da ballo.
Syracuse, Palazzo Beneventano,
ballroom.

Le viuzze assolate di Noto sono un trionfo di curve, portali, capitelli, nicchie, balaustre in ferro battuto.

Il capolavoro assoluto è la cattedrale di San Nicolò, fresca di restauro. Inizio a salire la magnifica scalinata a tre rampe. La città e il suo barocco fanno parte dei siti sotto la tutela dell'Unesco. Quando esco dalla chiesa tutto si muove, i bar servono caffè e granite al gelso ai tavolini, i negozi sono aperti, all'edicola si fa la coda per acquistare il giornale. Guardando i palazzi e gli edifici di questo centro storico sontuoso e solenne, penso all'architettura moderna, al rigore del minimalismo, alla freddezza di materiali come il vetro e l'acciaio che tolgono il senso della prospettiva. Penso alla distanza dal calore di queste pietre, che accarezzano morbidamente lo spirito e riempiono l'occhio di stupore.

The narrow sunny streets of Noto are a triumph of curves, portals, capitals, niches and wrought iron balustrades.

The absolute masterpiece is the cathedral of San Nicolò, which has just been restored. I begin to climb the magnificent three flights of steps leading up to the church. The city and its baroque style are Unesco World Heritage sites. When I come out of the cathedral, the town is bustling, the bars are serving coffee and mulberry "granite" (a sorbet-like ice sweet) at the tables, shops are open; there is a line of people at the newsstand waiting to buy newspapers. Looking at the palazzi and the buildings of this sumptuous and solemn historic city-center, I think of modern architecture, the severity of minimalism, of the coldness of materials like glass and steel that takes away one's sense of perspective. I think of how far away they are from the warmth of these stones that softly caress one's spirit and fill the eye with wonder.

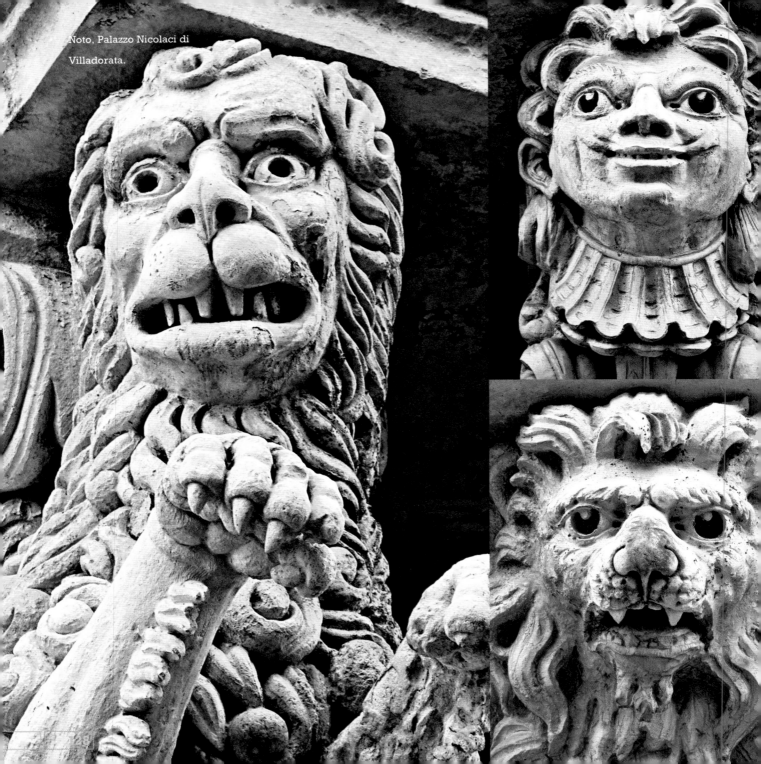

Noto, Palazzo Nicolaci di Villadorata.

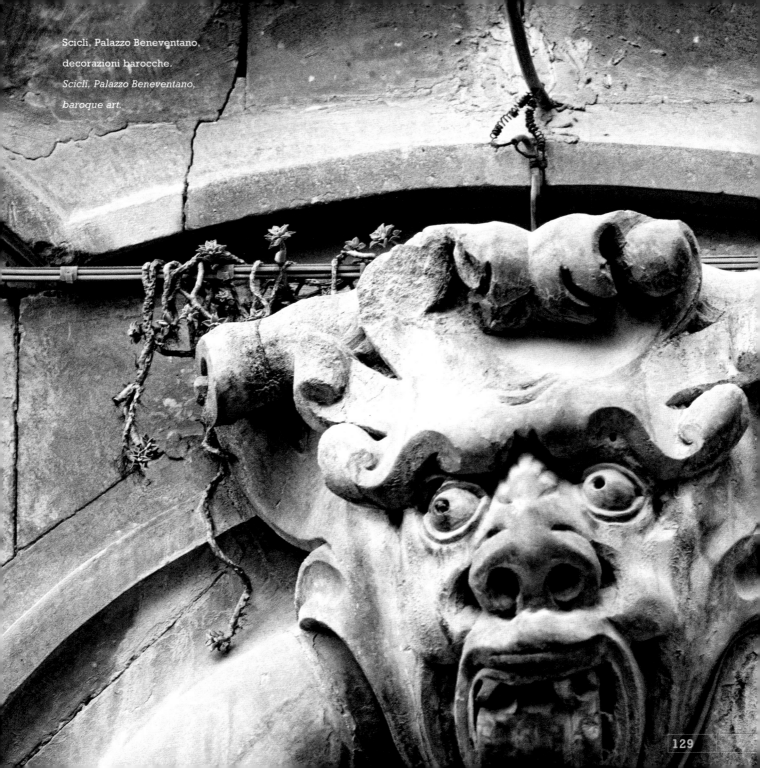

MIRAGGI E CIOCCOLATO

Un altro gioiello del barocco siciliano è Ragusa. Nonostante il passare dei secoli, sono praticamente intatti il Palazzo della Cancelleria e il Duomo, che raggiungo dopo aver contato duecentocinquanta scalini. Tutto è talmente cinematografico che non mi stupirei di veder uscire dal Palazzo di Donnafugata l'intera famiglia vestita di tutto punto come i protagonisti de "Il Gattopardo", il capolavoro di Tomasi di Lampedusa. Pochi chilometri in macchina e mi trovo a Modica. Dalla città alta, intorno alla rupe, dove sorgeva il castello, partono i vicoli che dilagano verso la parte bassa. Passeggiando tra le stradine respiro il profumo intenso del cioccolato, lavorato secondo un'antica ricetta azteca, portata in Sicilia dall'esercito di Cortés. Impossibile andare via senza averne assaggiato almeno qualche pezzo, agli agrumi o alla carruba.

MIRAGES AND CHOCOLATE

Another jewel of the Sicilian Baroque is Ragusa. Despite the passing of the centuries, the Palazzo della Cancelleria and the Duomo are practically intact. I reach the Duomo after counting two hundred and fifty steps. It is all so movie-like that I wouldn't be at all surprised to see the whole family, the main characters of "Il Gattopardo" (Tomasi di Lampedusa's masterpiece), coming out of the Palazzo di Donnafugata dressed in their Sunday best. Just a few kilometres by car and I find myself in Modica. The streets begin from the upper part of the city, wind around the cliff where the castle once rose and lead to the lower city. Walking the narrow streets I breathe the intense aroma of chocolate, still made according to an ancient Aztec recipe brought to Sicily by Cortez's army. It is impossible to leave here without having tasted at least one piece with citrus or carob.

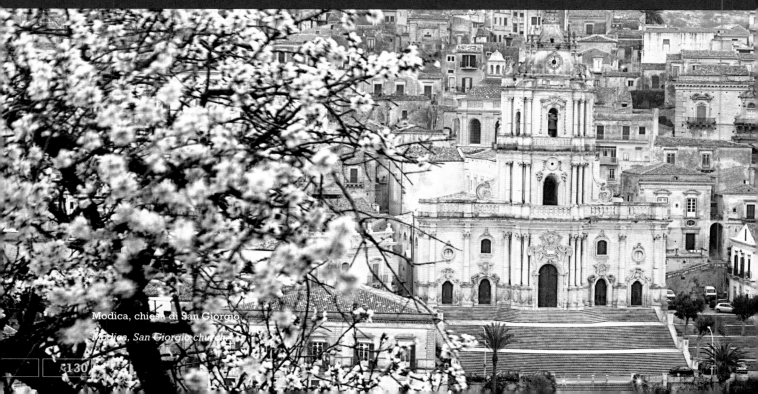

Modica, chiesa di San Giorgio.
Modica, San Giorgio church.

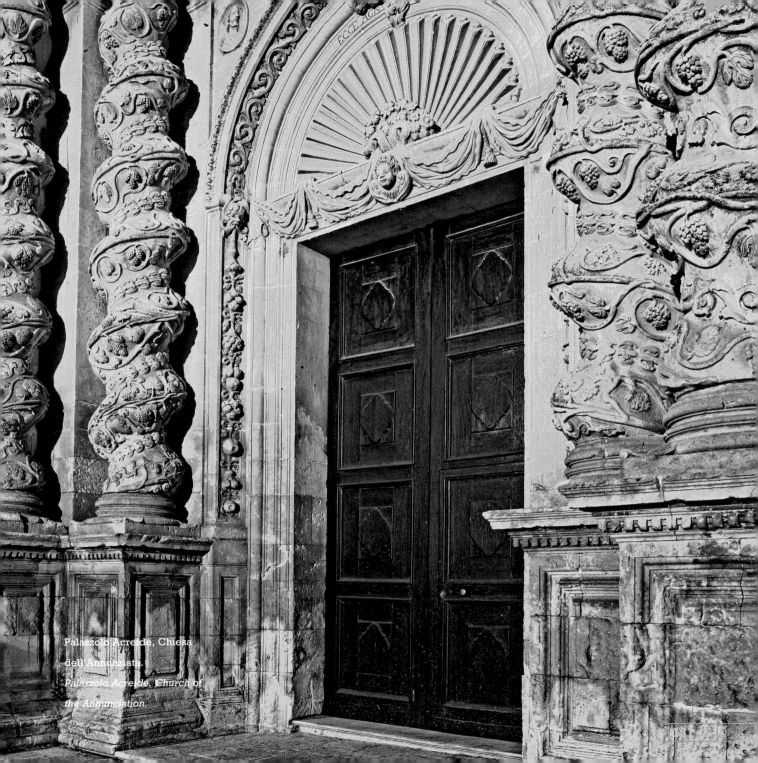

ECCE AGN...

Palazzolo Acreide, Chiesa
dell'Annunziata.
*Palazzolo Acreide, Church of
the Annunciation.*

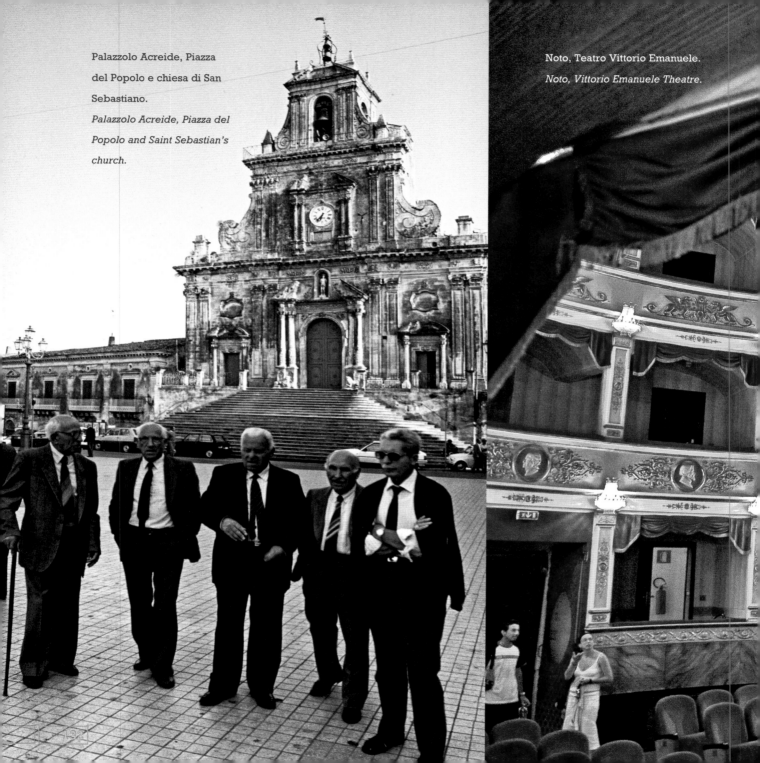

Palazzolo Acreide, Piazza
del Popolo e chiesa di San
Sebastiano.
*Palazzolo Acreide, Piazza del
Popolo and Saint Sebastian's
church.*

Noto, Teatro Vittorio Emanuele.
Noto, Vittorio Emanuele Theatre.

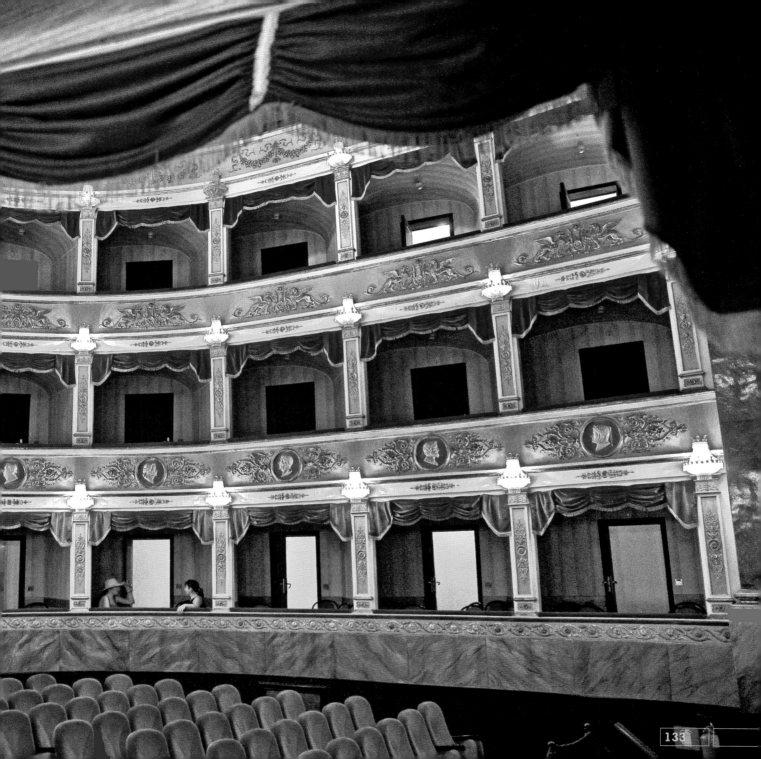

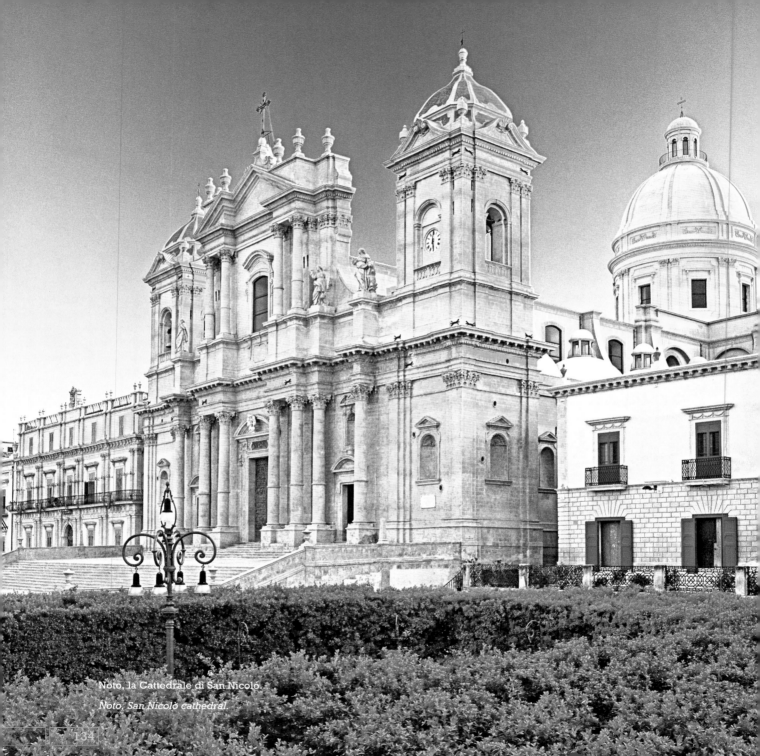

Noto, la Cattedrale di San Nicolò.
Noto, San Nicolò cathedral.

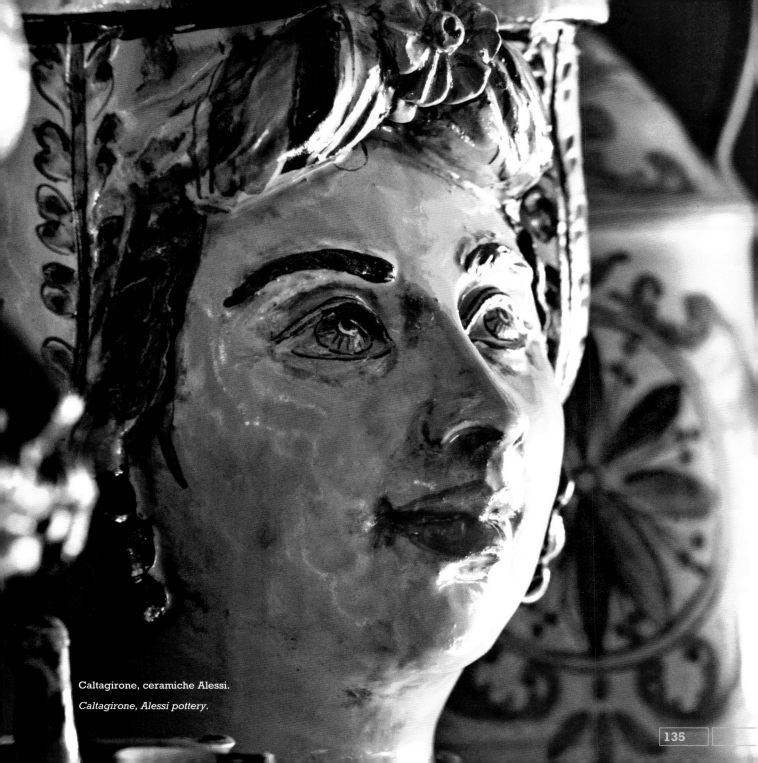

Caltagirone, ceramiche Alessi.

Caltagirone, Alessi pottery.

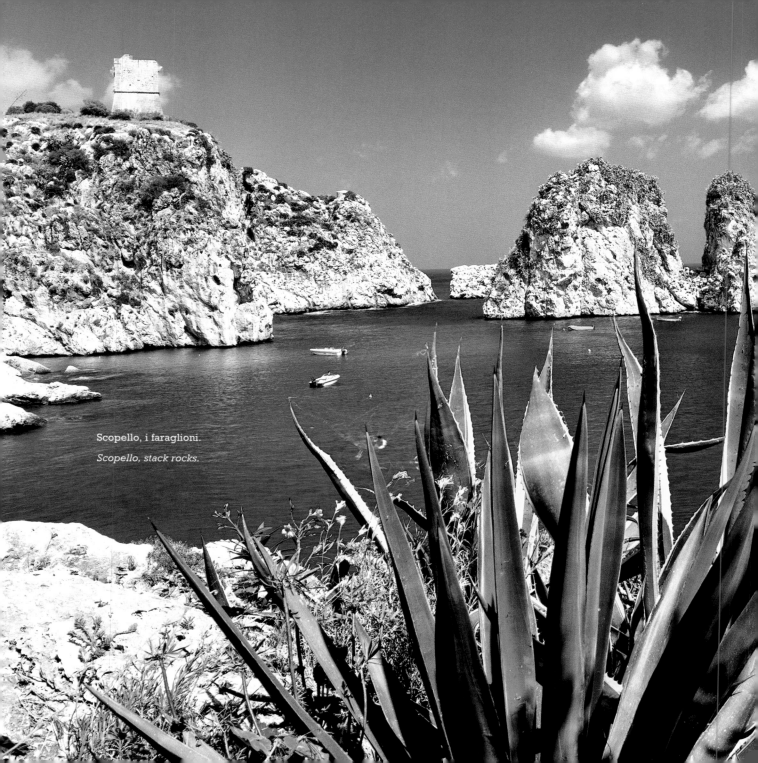

Scopello, i faraglioni.

Scopello, stack rocks.

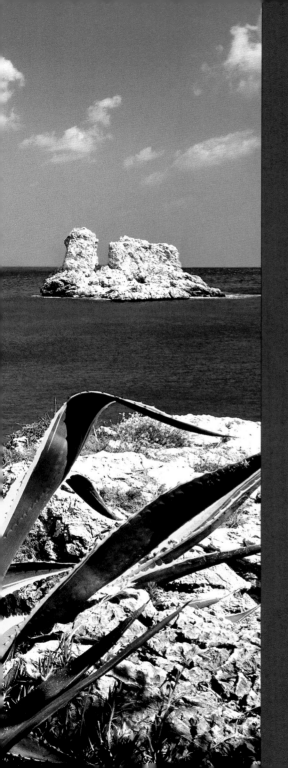

tra erice e san vito lo capo alla scoperta
della riserva dello zingaro

la costa delle
meraviglie
the coast of
wonders

from erice to san vito lo capo: exploring the

riserva dello zingaro

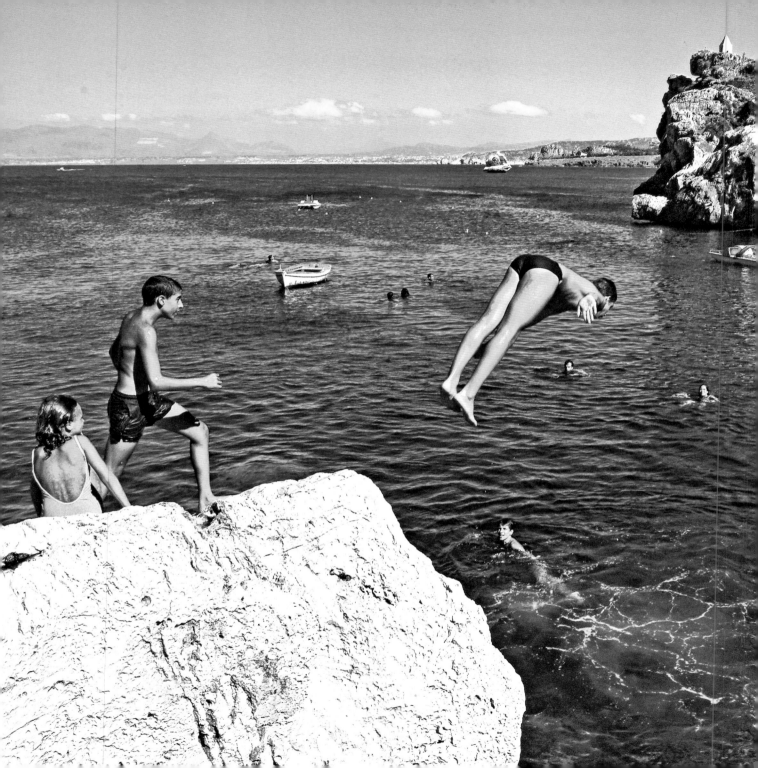

Quando sono partita da Palermo verso Trapani, arrivata a Scopello davanti ai miei occhi si è aperto un paradiso naturale. Dal piccolo paese inizia la Riserva dello Zingaro, sette chilometri di costa rocciosa protetta, fino a San Vito Lo Capo. I sentieri di mezza costa e quelli interni si snodano tra quadri di fiori multicolori e boschi. Per non perdermi la vista del mare, io ho percorso il sentiero costiero. La strada sale e scende, tra alberi di carrubo, palme nane, qualche vecchia casa contadina sullo sfondo. La costa è tutto un alternarsi di calette ciottolose bagnate dall'acqua turchese, caverne, alte pareti di roccia che sprofondano nel blu. In queste acque si fanno immersioni straordinarie, tra fondali ricoperti da spugne, anemoni, madrepore dai colori smaglianti e incontri ravvicinati con cernie, >> pag. 143

When I left Palermo for Trapani and arrived in Scopello, a natural paradise appeared before my eyes. From this little town the Riserva dello Zingaro begins; it is a nature reserve that runs along seven kilometres of protected rocky coast, all the way to San Vito Lo Capo. The paths along the seacoast, half way up the hill, as well as those that run inland all wind through fields of colourful flowers and woodland. Not wanting to lose sight of the sea, I took the coastal path. The road rose and dipped among carob trees and dwarf palms with an occasional farmhouse in the distance. The coast is a series of little bays with pebble beaches washed by turquoise waters. There are caves and high walls of rock that plunge into the blue. Diving in these waters is extraordinary. The sea floor is covered with sponges, anemones and bright >> page 143

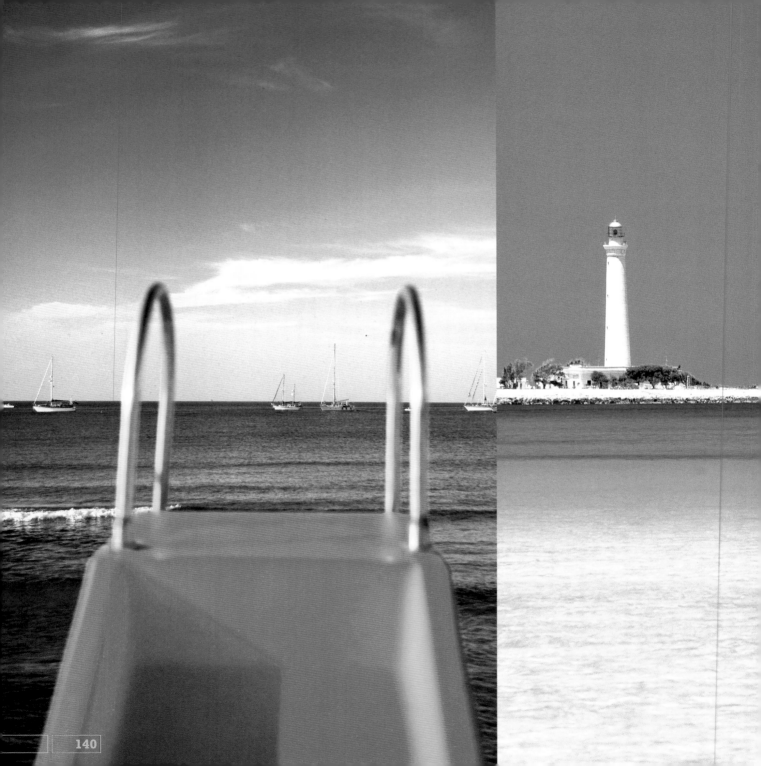

San Vito Lo Capo.

San Vito Lo Capo.

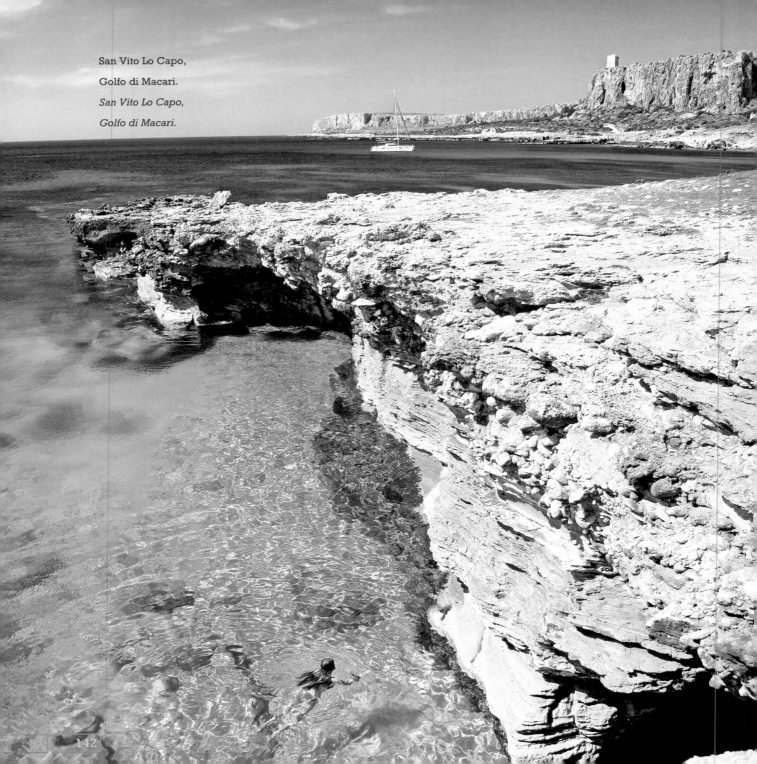

San Vito Lo Capo,
Golfo di Macari.
San Vito Lo Capo,
Golfo di Macari.

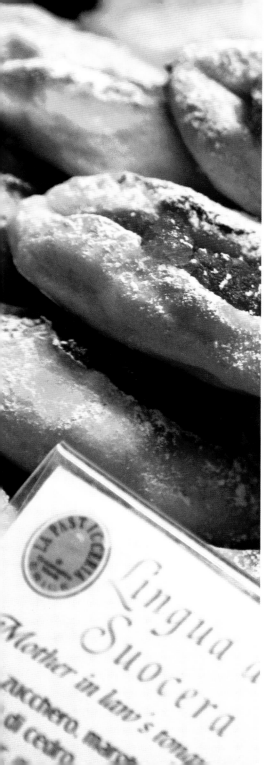

<< pag. 139 tonni e perfino capodogli. Continuo a camminare e, dopo un paio di ore abbondanti, mi ritrovo nell'altro punto di accesso della Riserva dello Zingaro, a San Vito Lo Capo. Nella cittadina, fatta di basse case bianche spruzzate di colore dalle bougainville, si respira l'aria di un borgo marinaro che conserva tratti di atmosfera araba. È un posto gradevole in cui programmare una vacanza. Al tramonto, la sabbia si accende di sfumature rosse mentre il sole scende oltre il faro che torreggia in fondo alla baia.

<< page 139 *coloured madrepore corals. There are close encounters with flounder, tuna and even sperm whales. I kept walking and, after more than two hours, I found myself at the other gate to the Riserva dello Zingaro in San Vito Lo Capo. In this town made of low-lying white houses and brightly contrasting bougainvillea, one breathes the air of a seaside village that has preserved its Arab feel. It's a pleasant place to plan a vacation. At sunset, the sand lights up with red nuances as the sun goes down beyond the lighthouse that towers on the far side of the bay.*

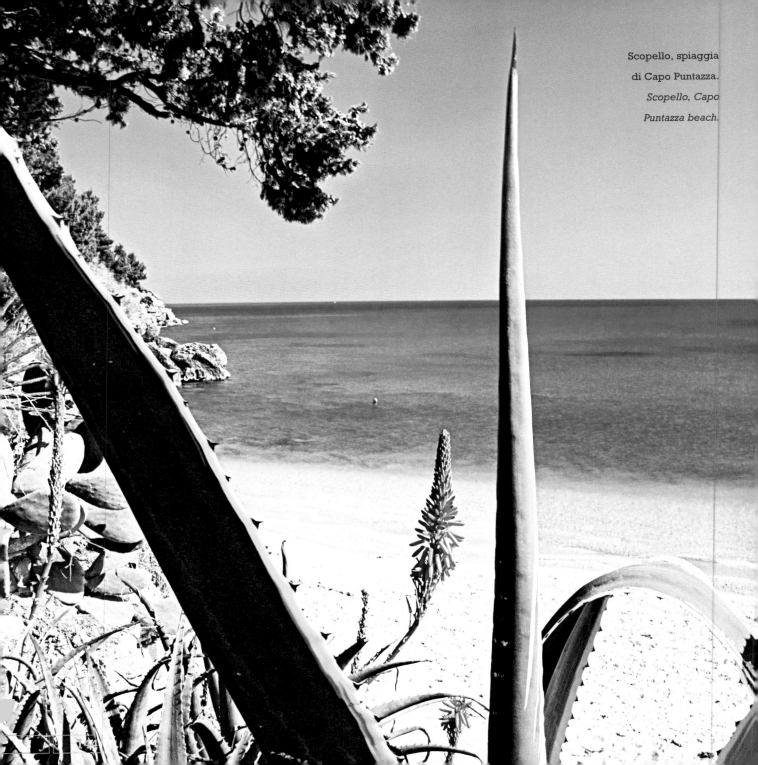

Scopello, spiaggia
di Capo Puntazza.
*Scopello, Capo
Puntazza beach.*

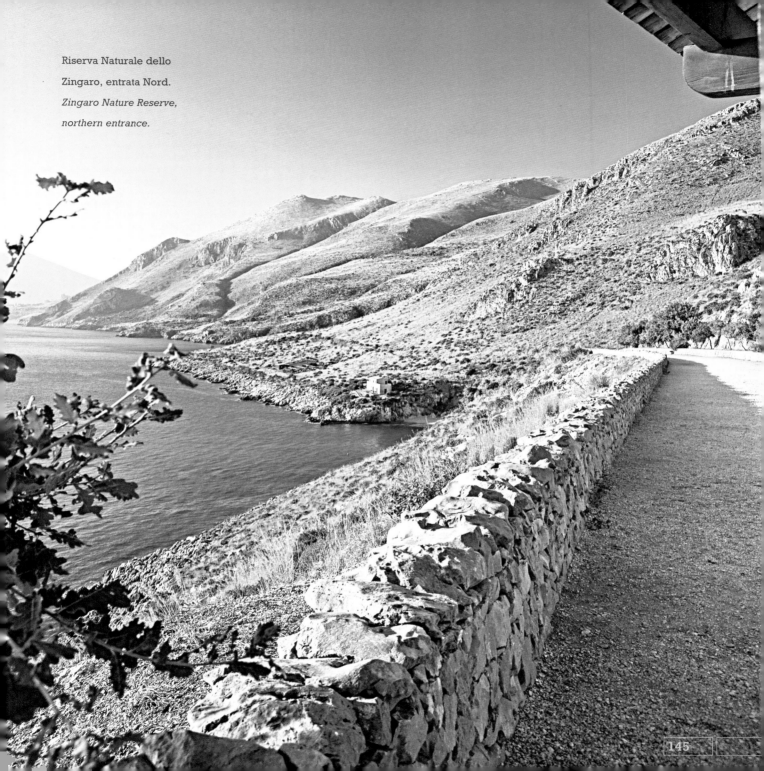

Riserva Naturale dello
Zingaro, entrata Nord.
Zingaro Nature Reserve,
northern entrance.

TORRI E ANTICHI CASTELLI

Il profilo spesso aspro delle coste siciliane è rotto di quando in quando da antiche torri di avvistamento, alcune in rovina e altre ancora in buono stato, che aggiungono al paesaggio un fascino pittoresco. Nel litorale tra Scopello ed Erice ce ne sono davvero molte, a ricordare i tempi in cui queste baie erano infestate dai temuti pirati. Di fortificazione in fortificazione, lascio la costa e mi addentro fino a Erice, salendo sul monte dove sta appoggiata la cittadina. Il panorama è grandioso. Appena supero le gigantesche mura attraverso una delle porte normanne, mi sembra di fare un salto indietro nel Medioevo. Tranquilli cortili di case e conventi si alternano a portoni di chiese e a botteghe artigianali. Si respirano quiete e silenzio fuori del tempo.

TOWERS AND ANCIENT CASTLES

The often-harsh profile of the Sicilian coastline is broken now and again by ancient watchtowers, some in ruin and others still in good condition. The watchtowers add a picturesque fascination to the landscape. There are many on the coast between Scopello and Erice, serving as a reminder of the days in which these bays were infested by fearsome pirates. Moving from fortification to fortification, I left the coast and headed inland to Erice, going up the hill to where the town sits. The view is grandiose. As soon as I go through the enormous city-walls by way of one of the Norman gates, it is like going back to the Middle Ages. Calm courtyards of houses and convents alternate with doors to churches and artisans' shops. One breathes timeless quiet and silence.

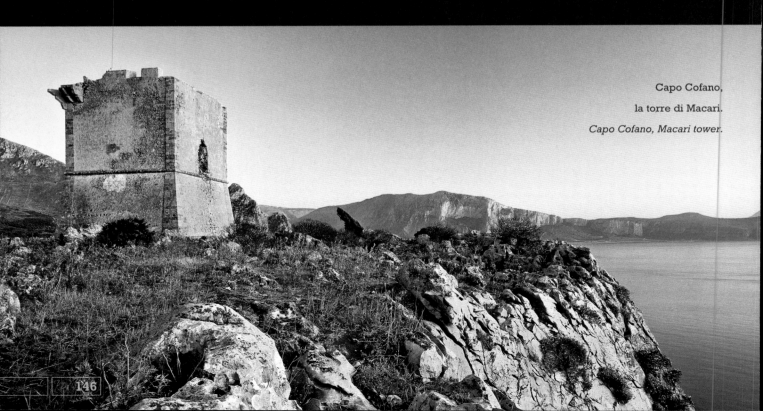

Capo Cofano,
la torre di Macari.
Capo Cofano, Macari tower.

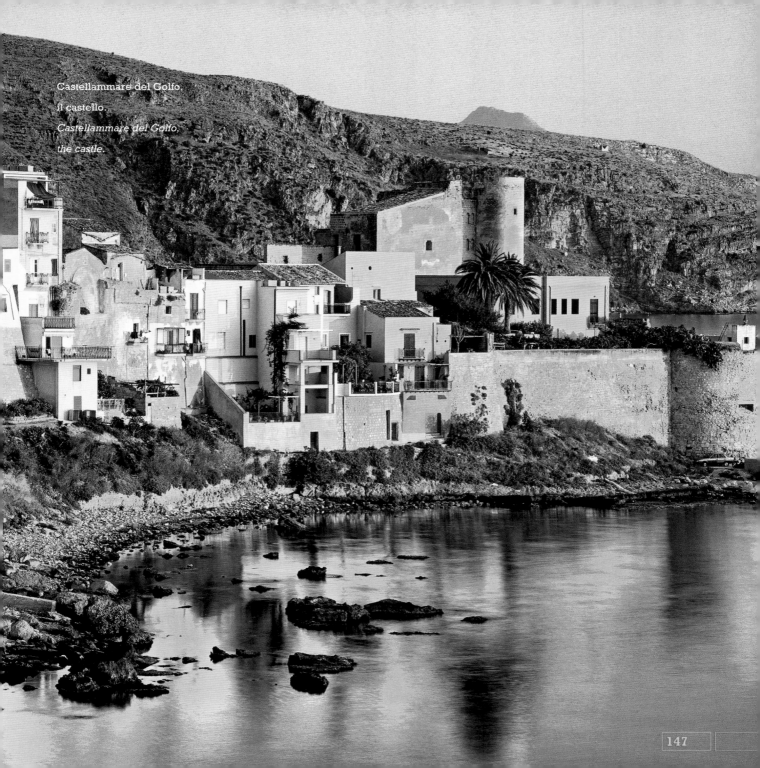

Castellammare del Golfo.
il castello.
Castellammare del Golfo,
the castle.

Erice, vista verso Valderice
e Monte Cofano.
Erice, view towards Valderice
and Monte Cofano.

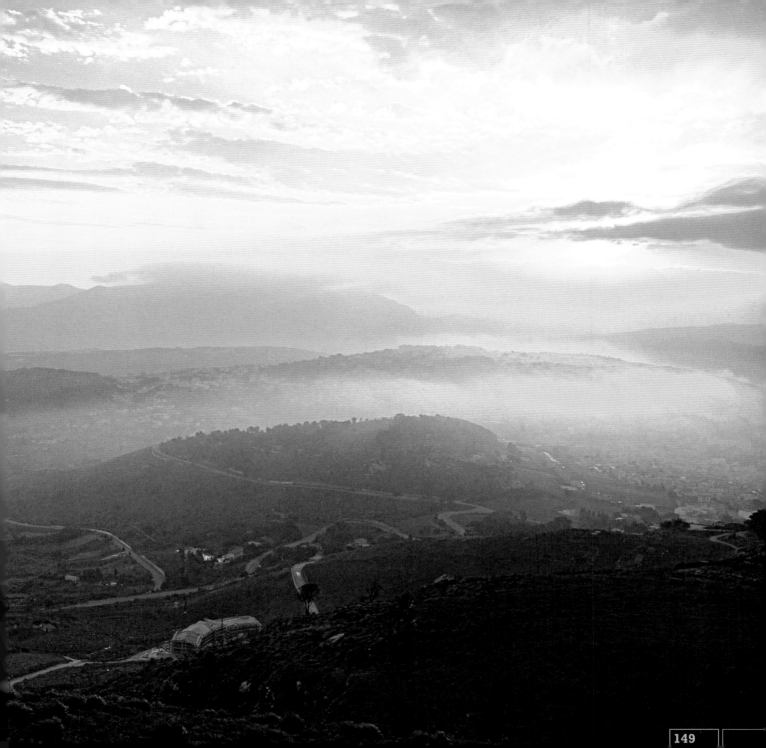

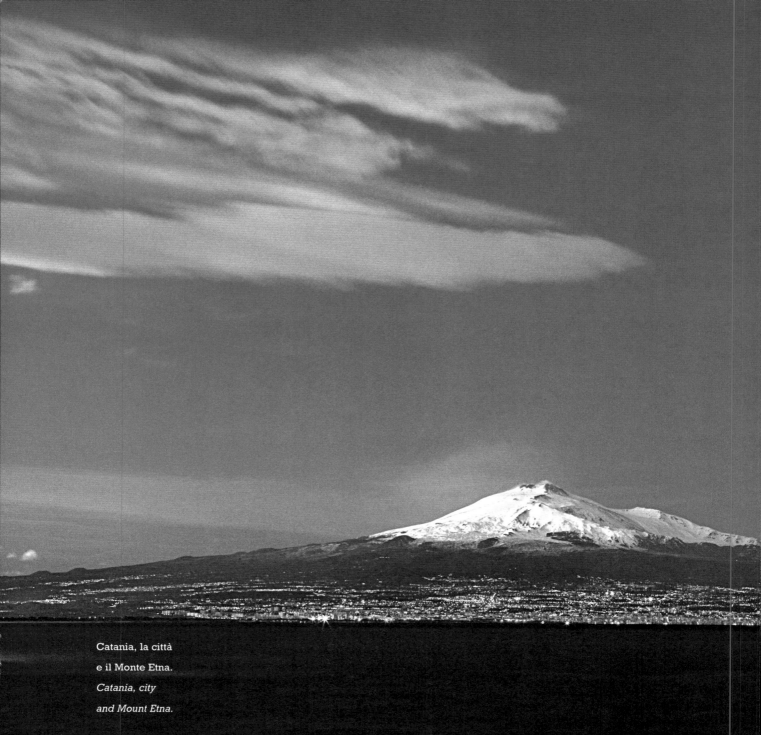

Catania, la città
e il Monte Etna.
*Catania, city
and Mount Etna.*

lungo la costa, da catania a taormina, tra
faraglioni neri e paesi di pescatori

nella terra
di polifemo in
the land of
polyphemus

along the coast between catania and
taormina: black stacks and fishing villages

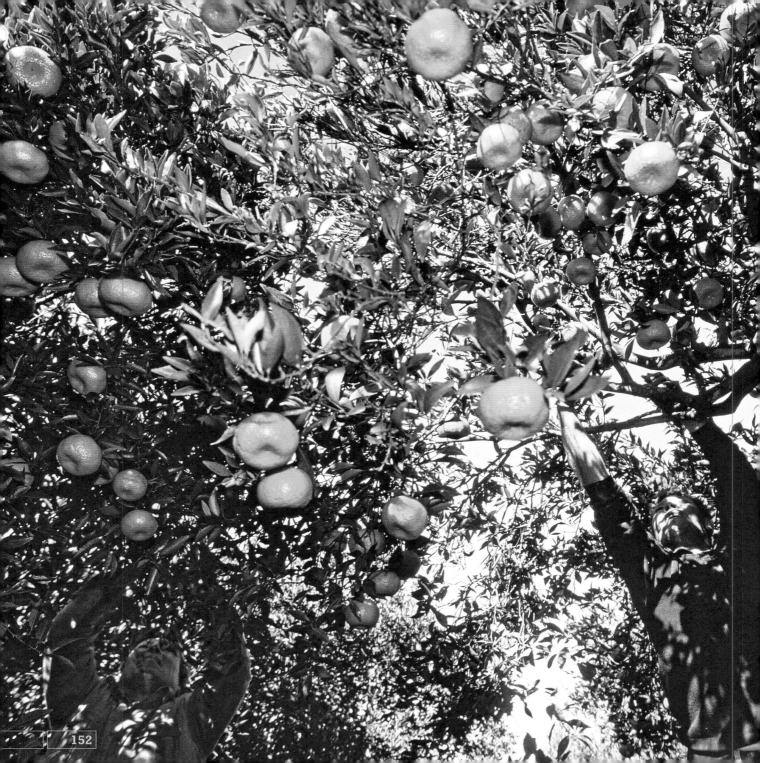

Catania, proprio come la Fenice, è risorta molte volte dopo eruzioni e terremoti. Il merito? "La nostra operosità e la mano protettrice di Santa Agata". La risposta più comune della gente è questa, e c'è da crederci. La sua storia, ben rappresentata dal Duomo, voluto da Ruggero d'Altavilla nel 1078, distrutto dal terremoto del 1693 e ricostruito dall'architetto Vaccarini, fresco di studi berniniani. In silenzio raggiungo il monumento funebre dedicato a Vincenzo Bellini, per rendere omaggio al grande compositore catanese. La città non l'ha mai dimenticato, dedicandogli monumenti, giardini e anche un piatto di pasta, quello alla Norma, con le melanzane fritte e la ricotta salata. Ma Catania è anche mare. Sono solo otto i chilometri di strada che la separano dalla riviera dei Ciclopi.

>> pag. 157

Many times after eruptions and earthquakes, Catania has risen again, just like a Phoenix. How? "Our hard work and the protective hand of Saint Agatha", is the most common answer that people give and you can believe it. Catania's history is well represented in the Duomo which was commissioned by Ruggero d'Altavilla in 1078. Destroyed by the earthquake of 1693, it was rebuilt by the architect Vaccarini, fresh from his Berninian studies. In silence I reach the memorial which was dedicated to Vincenzo Bellini, to render homage to the great composer from Catania. The city has never forgotten him, dedicating gardens to him and even a pasta recipe called "Alla Norma", with fried eggplant and salty ricotta. But Catania is also sea. There are eight kilometres of road that separates it from the

>> page 157

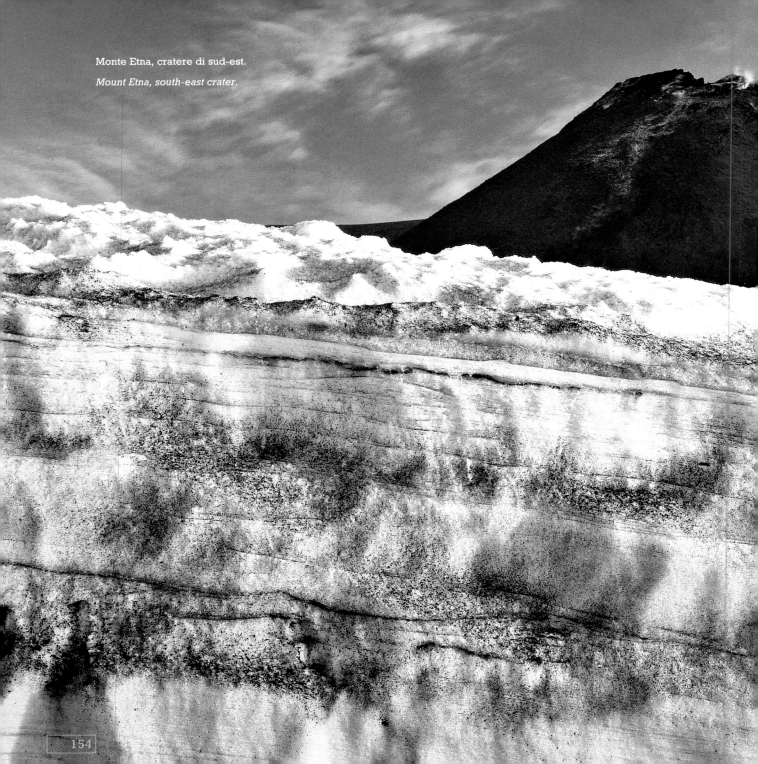

Monte Etna, cratere di sud-est.

Mount Etna, south-east crater.

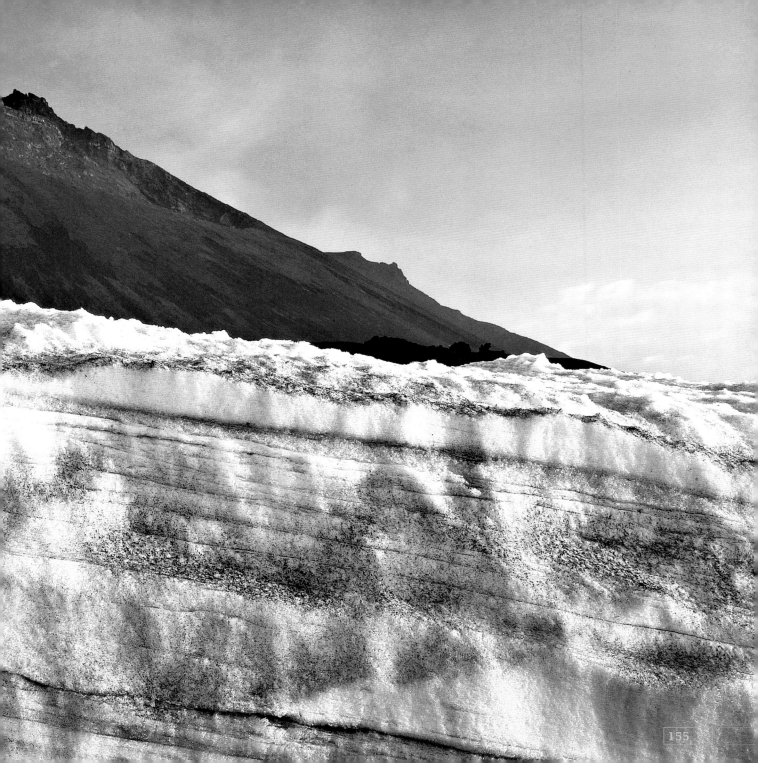

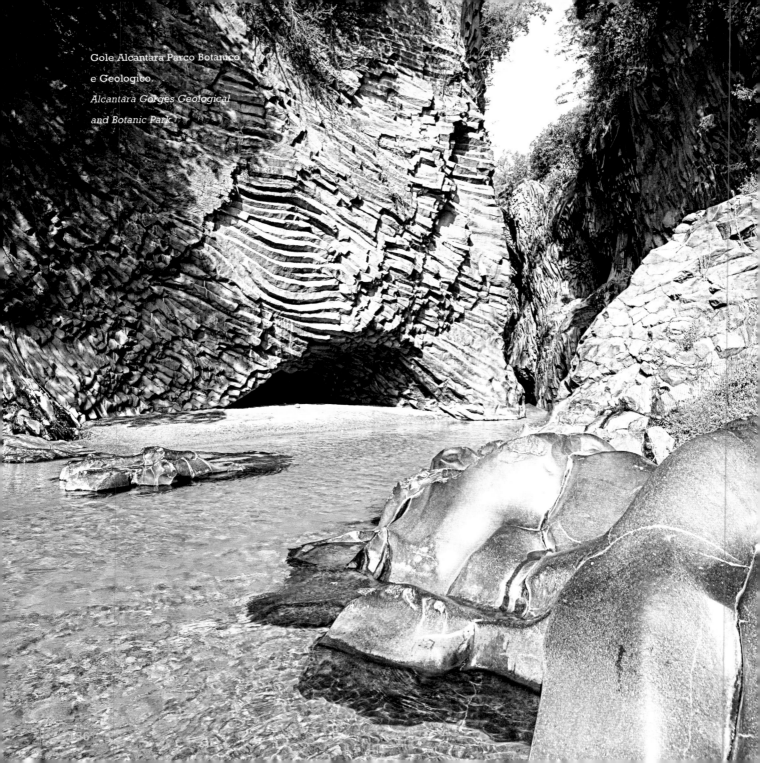

Gole Alcantara Parco Botanico
e Geologico.
*Alcantara Gorges Geological
and Botanic Park.*

<< *pag. 153* Secondo la leggenda sono i massi scagliati da Polifemo contro il fuggiasco Ulisse che lo aveva appena accecato. Lungo il percorso incontro una serie di cittadine che hanno nel loro nome il prefisso "Aci", Aci Trezza, Acireale, Aci Castello. Borghi di mare che si animano d'estate e durante i fine settimana, quando arrivano i cittadini da Catania, per fare un tuffo dalle rocce. Tra tutte le "aci" mi è particolarmente piaciuta Acireale. Il borgo si trova su una terrazza lavica, a picco sul mare, che qui chiamano la Timpa. Mi siedo all'ombra di un albero e ordino in un bar la bevanda locale: un bicchiere di selz al limone, freddo e con l'aggiunta di mezzo cucchiaino di sale. Un modo per placare la sete e ritemprarsi prima di riprendere con l'auto la strada costiera e raggiungere la mondana Taormina. Dalle stanze degli hotel di lusso sono passati vip, attori, teste coronate.

<< *page 153* *Riviera dei Ciclopi (Riviera of the Cyclops). According to legend, these rocks are the boulders that Polyphemus threw after the fugitive Ulysses who had just blinded him. Along the way I come across a series of towns that begin with "Aci": Aci Trezza, Acireale, Aci Castello. These sleepy seaside villages come to life during the summer and on weekends when the city dwellers come out from Catania to dive off the rocks into the sea. Among all the "aci" I particularly liked Acireale. The town is located on a lava terrace overlooking the sea, that here they call Timpa. I sit in the shade under a tree and order the local drink, a cold glass of seltzer water with lemon and half a teaspoon of salt. It is a great way to quench my thirst before driving along the coast road to the cosmopolitan Taormina. Here VIPs, actors and crowned heads have tarried at the luxury hotels.*

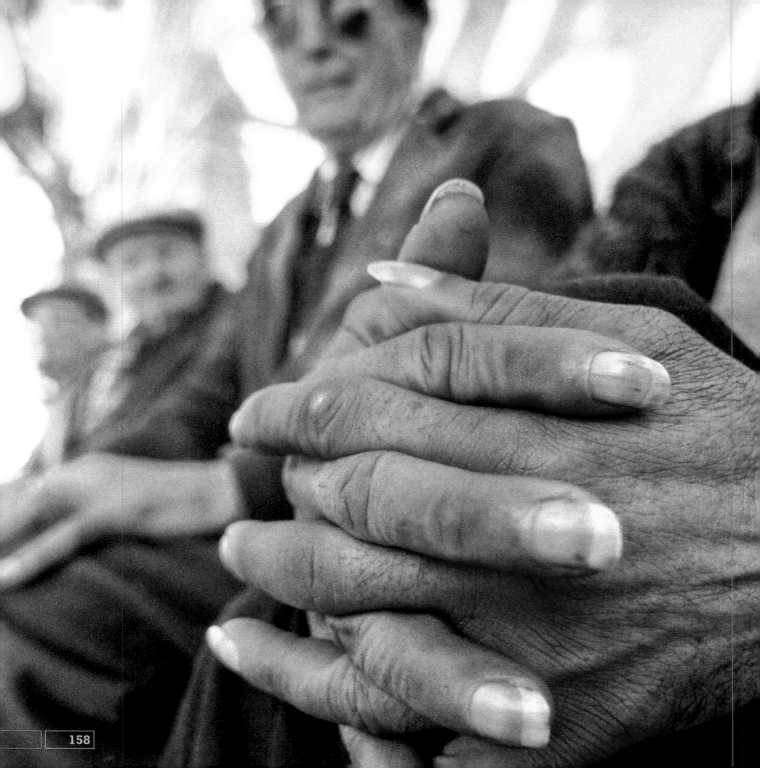

Aci Castello, lungomare.
Aci Castello, seafront.

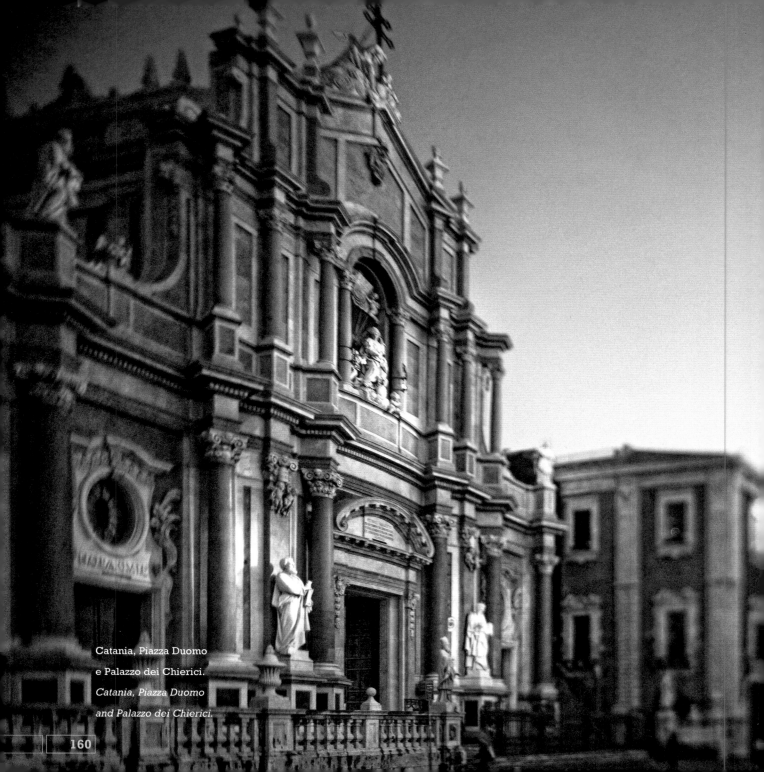

Catania, Piazza Duomo
e Palazzo dei Chierici.
*Catania, Piazza Duomo
and Palazzo dei Chierici.*

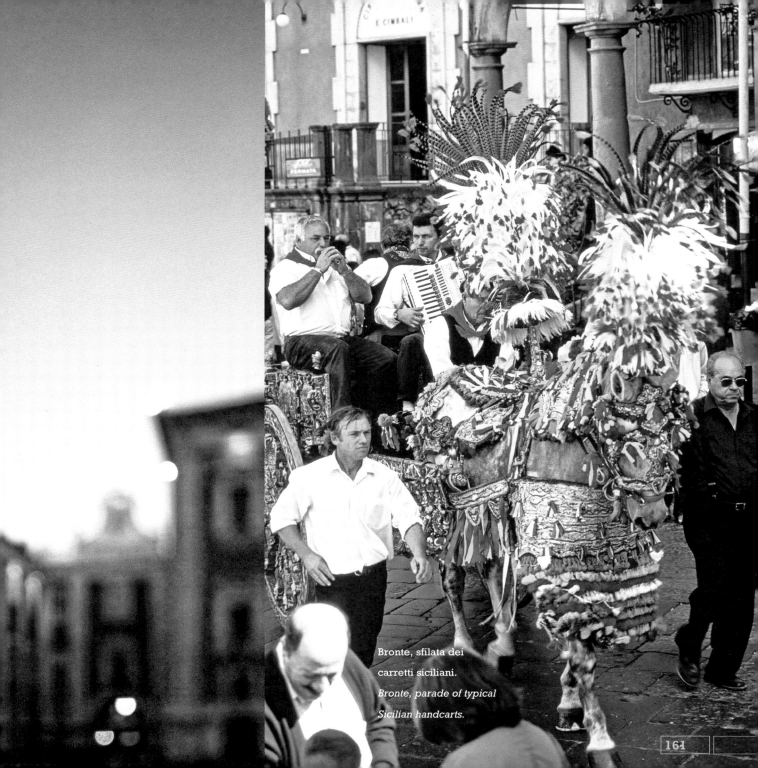

Bronte, sfilata dei
carretti siciliani.
*Bronte, parade of typical
Sicilian handcarts.*

l'antico porto di Aci Trezza è illuminato da un sole caldo. Le barche da pesca sono tirate in secca, nell'aria si respira un profumo di salsedine. Anche se è passato molto tempo, l'atmosfera mi sembra ancora la stessa de "I Malavoglia", il romanzo pubblicato nel 1881 dallo scrittore Giovanni Verga. Mi siedo su un muretto, tiro fuori dalla borsa una copia del libro e leggo qualche capitolo. Si raccontano le vicende sfortunate di una famiglia di pescatori, vittime del destino, in lotta per risollevarsi dopo il naufragio della loro barca chiamata la Provvidenza. Quando alzo lo sguardo dalle pagine mi sembra di riconoscere la Maruzza, Padron 'Ntoni, la Mena, Bastianazzo, mentre scrutano il mare nella speranza di avvistare il gozzo, con il suo carico di lupini.

SICILIAN REALISM

The ancient port of Aci Trezza is illuminated by a warm sun. The fishing boats are pulled out of the water. The air is brackish. Although much time has passed, the atmosphere is the same as that of "I Malavoglia", the novel published in 1881 by the writer Giovanni Verga. I sit on a low wall, take out a copy of the book and read a couple of chapters. It tells of the misfortunes of a family of fishermen, victims of destiny, fighting to pick themselves up again after the shipwreck of their boat called la Provvidenza. When I lift my gaze from the pages I think I recognize Maruzza, Padron 'Ntoni, la Mena, Bastianazzo, as they search the sea hoping to catch sight of the small fishing boat, with its load of lupini (tiny clams).

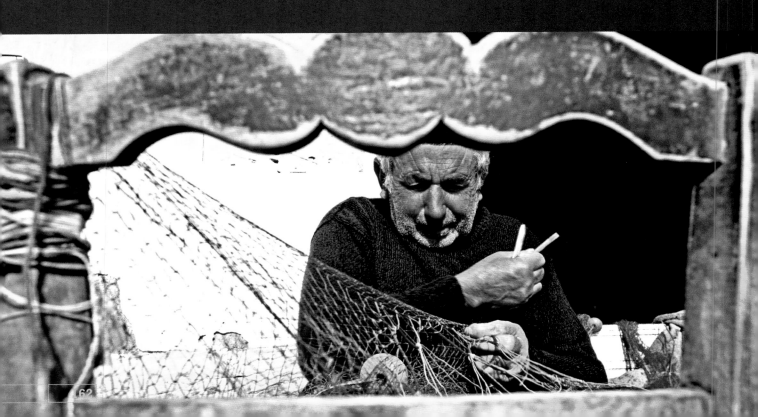

Aci Trezza, i faraglioni.

Aci Trezza, stack rocks.

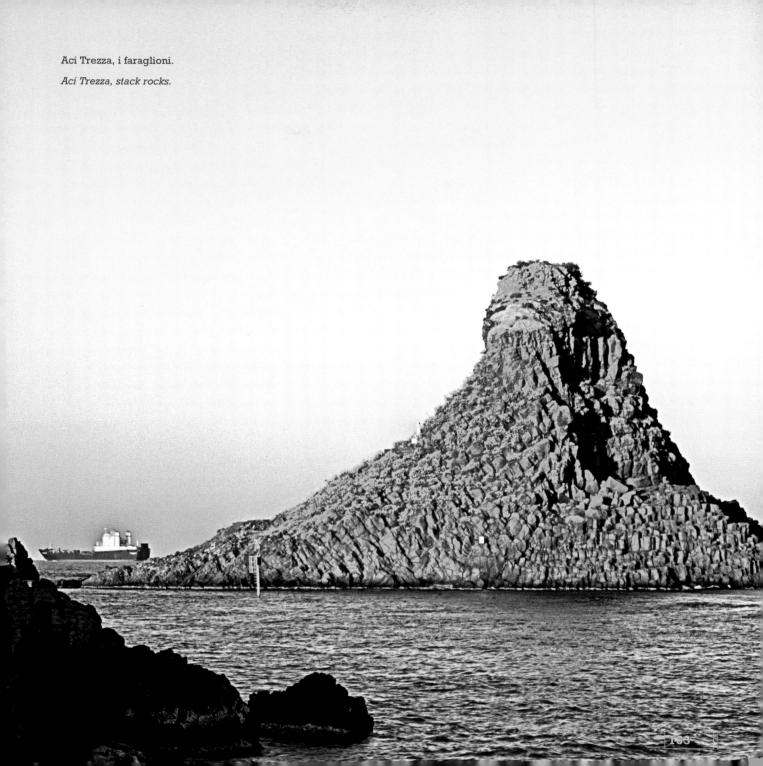

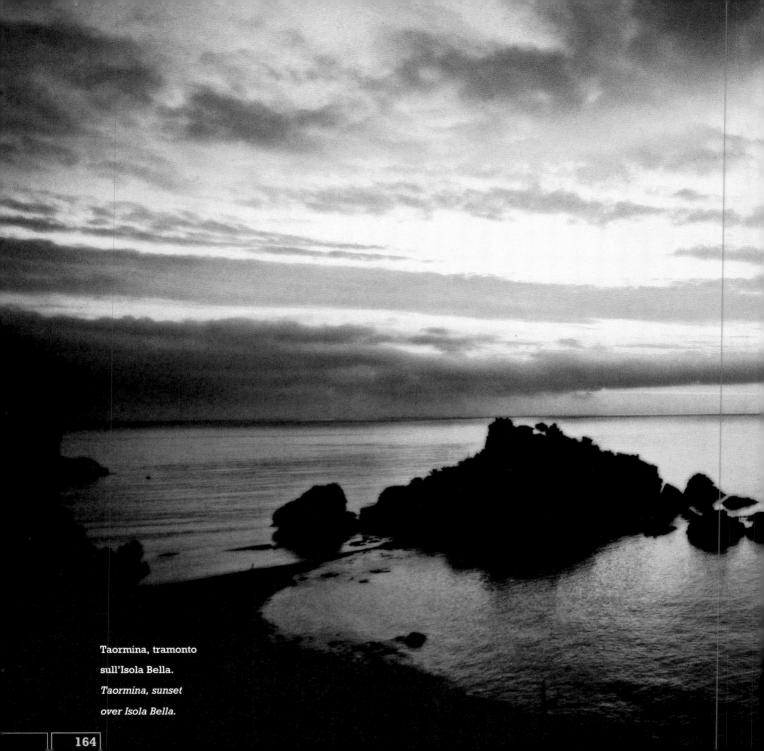

Taormina, tramonto
sull'Isola Bella.
Taormina, sunset
over Isola Bella.

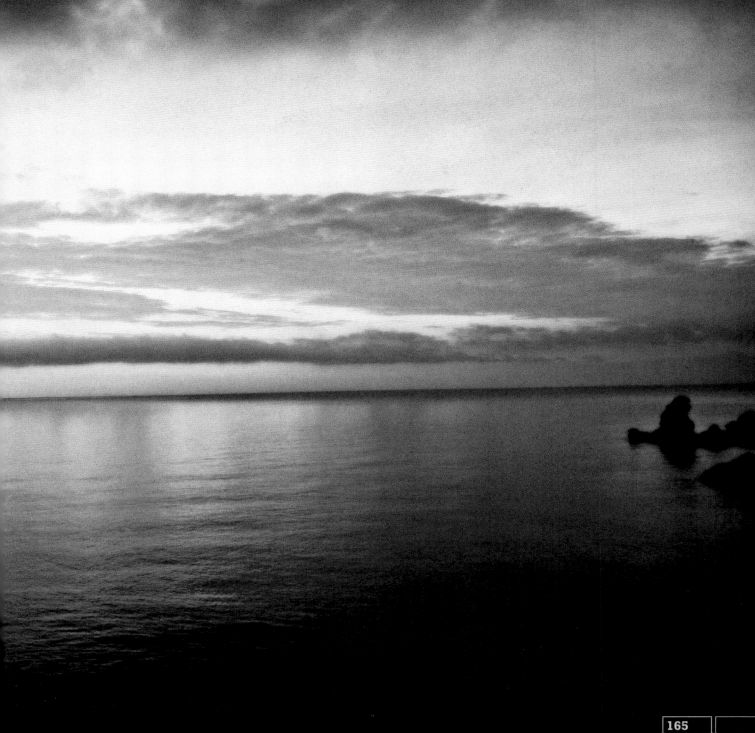

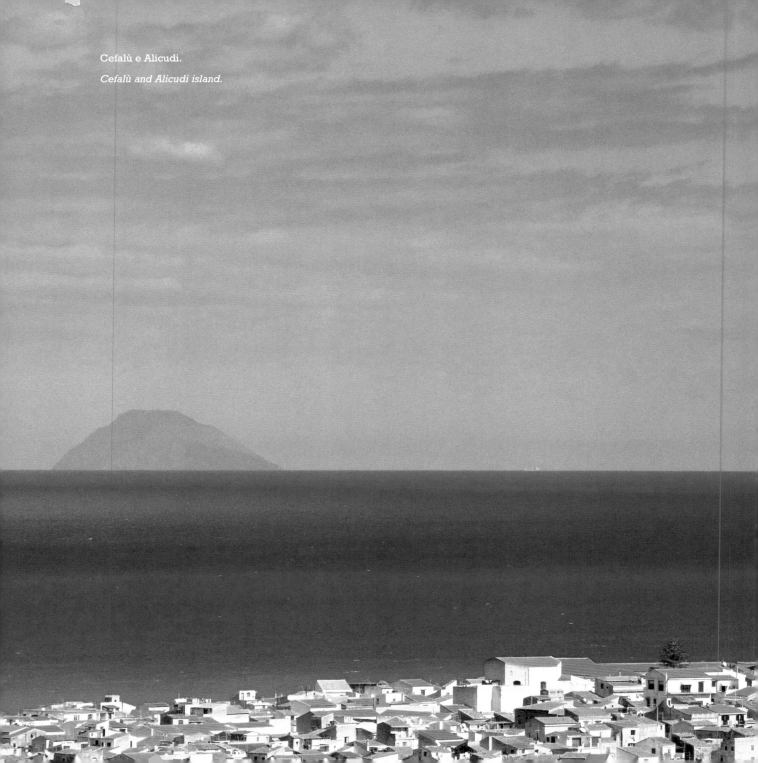

Cefalù e Alicudi.

Cefalù and Alicudi island.

antico borgo nel blu ancient village in the blue

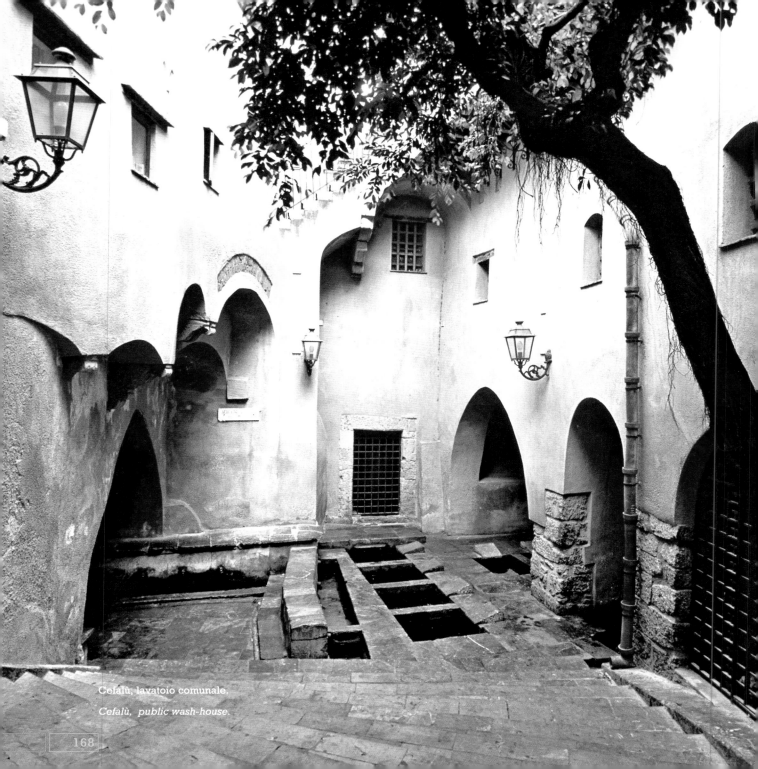

Cefalù, lavatoio comunale.
Cefalù, public wash-house.

Cefalù è una cittadina normanna, a un'ora da Palermo. Nonostante sia uno dei santuari marini del turismo

siciliano, rimane fedele a se stessa, dove nulla è gridato e i ritmi restano pacati. Allora anche io mi muovo

senza fretta. Mi fermo a chiacchierare in un bar nella piazza della cattedrale, faccio una passeggiata

all'Osterio Magno, un complesso monumentale del XIII secolo, che la tradizione attribuisce alla residenza

di Re Ruggero. A piedi raggiungo anche la Rocca, un percorso che conserva i resti della linea difensiva

del Castello, ruderi di costruzioni di epoca greca e bizantina. Alcuni reperti si possono vedere anche

nella casa-museo del barone Mandralisca, un collezionista di conchiglie, monete antiche e quadri, come

il "Ritratto di ignoto" di Antonello da Messina. Autentico capolavoro che da solo vale il viaggio.

Cefalù is a Norman city an hour away from Palermo. Despite the fact that it is one of the busiest beach resorts

in Sicily, it has remained faithful to itself. Nothing is ostentatious. The pace of life has remained slow. Thus, I

too move without hurrying. I stop to chat in a bar in the cathedral square. I take a walk to the Osterio Magno,

a complex of monuments from the thirteenth century that tradition identifies as the residence of King Ruggero.

I also reach the fortress by foot, following a route which maintains the castle's lines of defence and the ruins of

buildings from the Greek and Byzantine periods. Some artifacts are displayed in the museum-house of Baron

Madralisca, a collector of shells, ancient coins and paintings such as the "Portrait of a Man" by Antonello da

Messina. It is an authentic masterpiece, making the trip well worthwhile if only for this one painting.

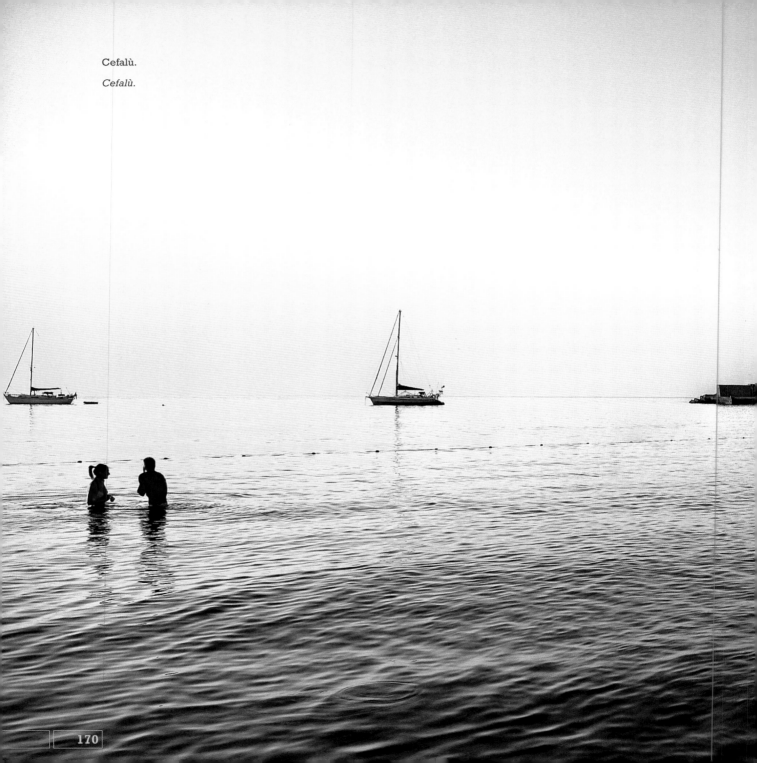

Cefalù.

Cefalù.

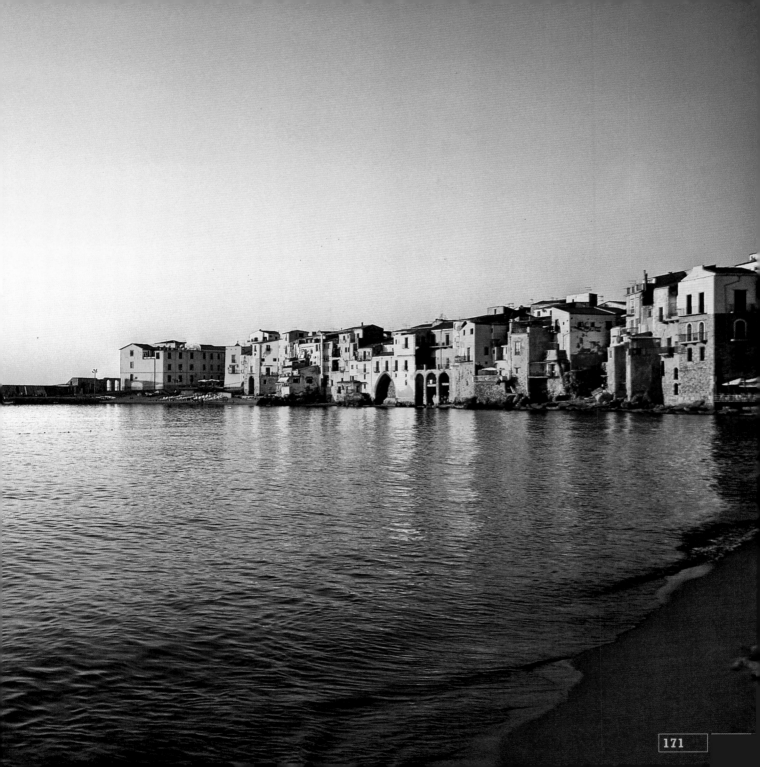

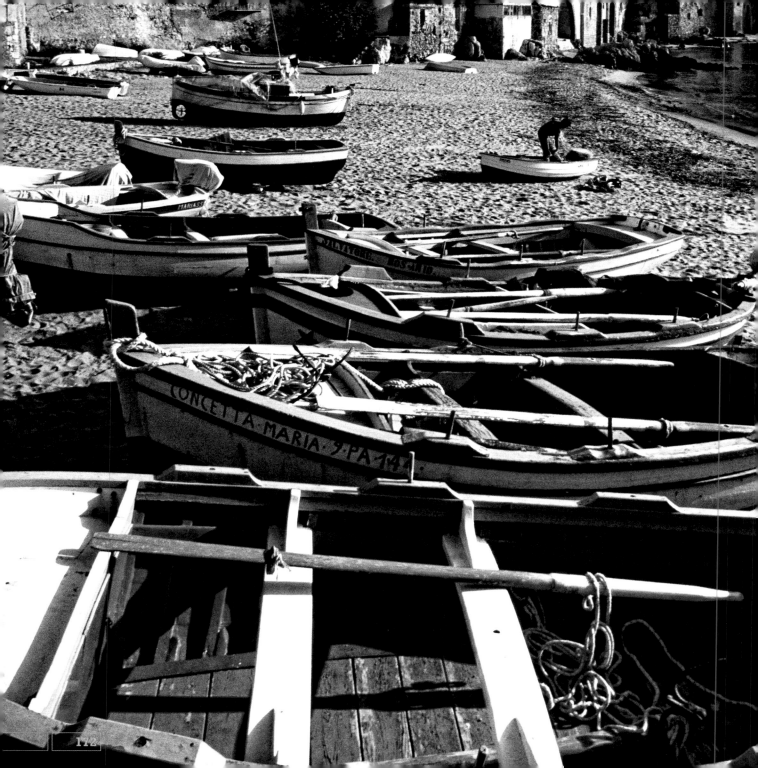

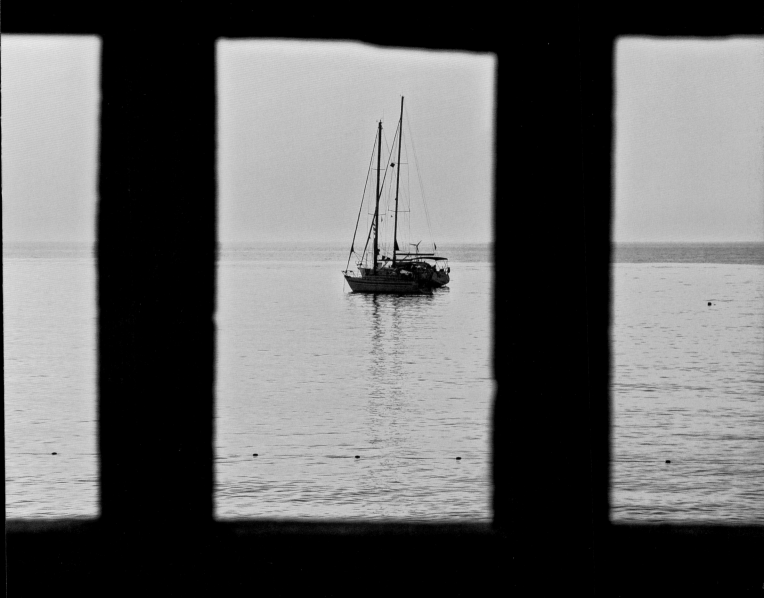

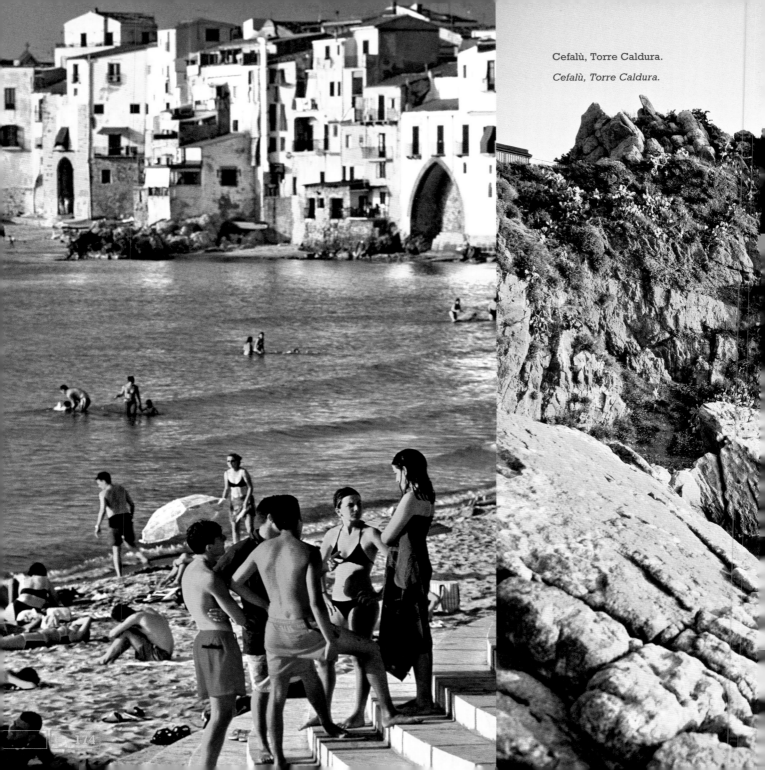

Cefalù, Torre Caldura.

Cefalù, Torre Caldura.

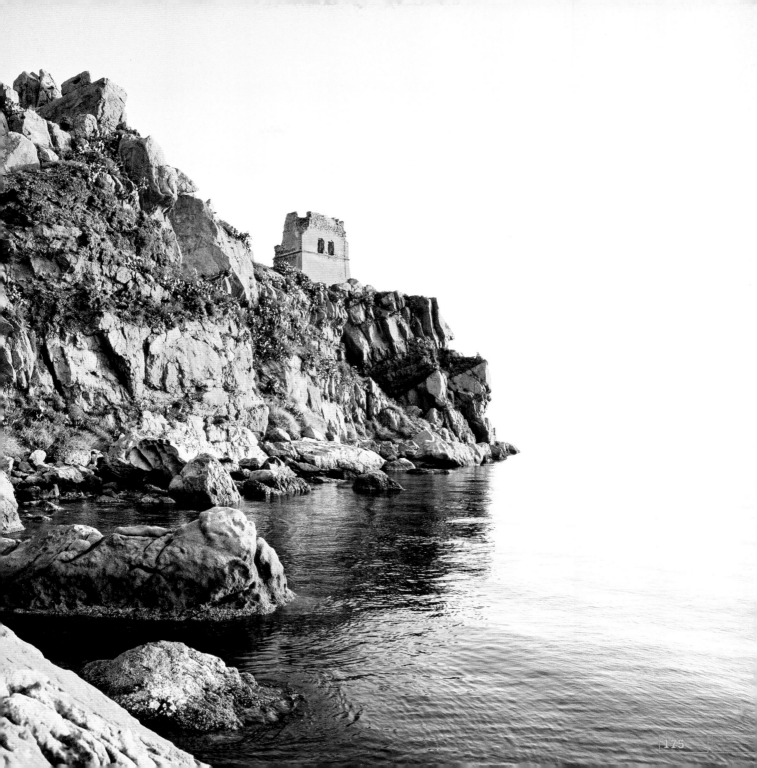

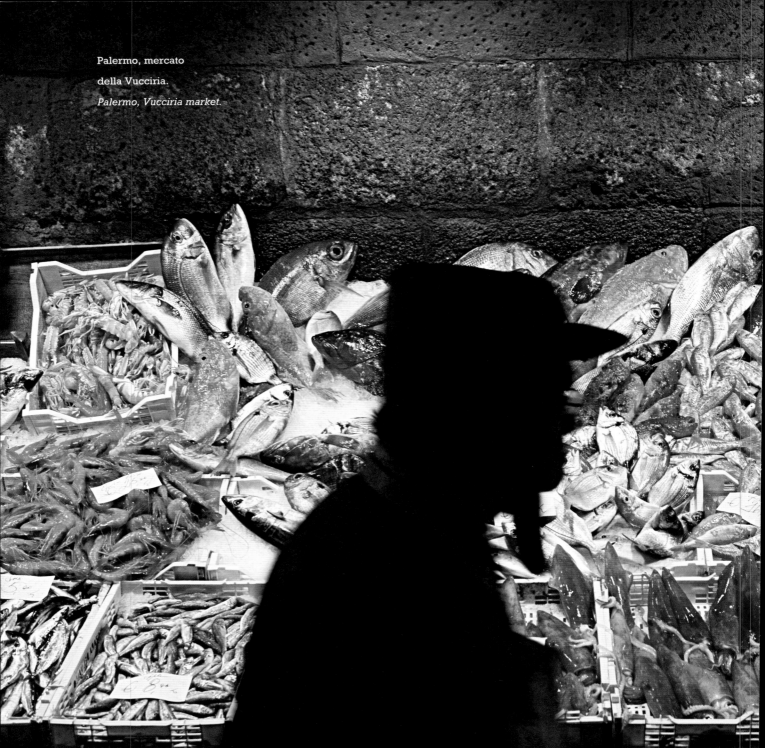

Palermo, mercato
della Vucciria.
Palermo, Vucciria market.

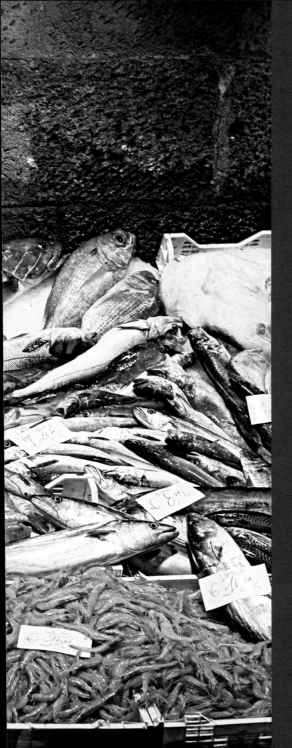

sapori di strada street aromas

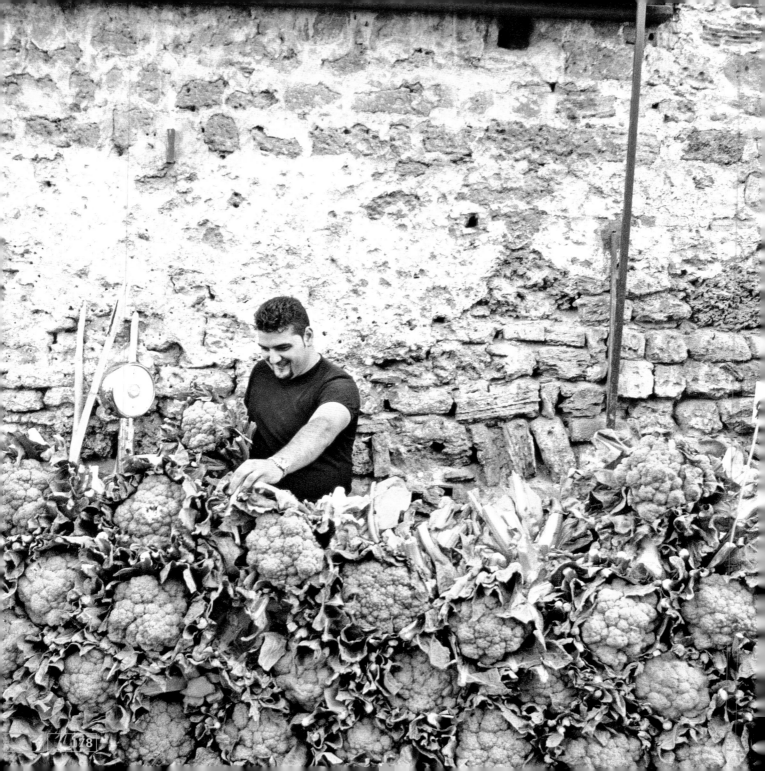

Peperoni rossi e gialli, arance sugose, pomodori rotondi e maturi, verdura fresca. Ma anche pesce appena pescato, formaggi stagionati, trippa, pollame. E, ancora montagne di olive nere e verdi, pomodori secchi, pistacchi, capperi di Pantelleria. C'è poco da fare, i siciliani in cucina hanno gusti decisi. Al tempo stesso però sanno anche addolcire il palato con sapori mielosi, come torroni, cassate, gelati, chiamati "licchi". I mercati palermitani sono quattro: Vucciria, il Capo, Ballarò, e Borgo Vecchio. I primi due si trovano nel centro storico, a due passi dalla Cattedrale e dal Teatro Massimo. I banchetti si alternano a piccoli negozi, panifici e friggitorie, dov'è bello fermarsi per assaggiare alcuni dei pezzi forti dell'antica cucina di strada. Come gli arancini di riso alla carne, >> pag. 183

Red and yellow peppers, juicy oranges, plump, ripe tomatoes, fresh vegetables. Fresh caught fish, aged cheeses, tripe, and poultry. Mountains of black and green olives, sun-dried tomatoes, pistachios and Pantellerian capers. There's no denying it, Sicilians have very distinctive tastes in cooking. At the same time, they know how to sweeten the palate with honey-flavored goodies like torroni, cassate and ice creams, which are called licchi. There are four markets in Palermo: Vucciria, il Capo, Ballarò and Borgo Vecchio. The first two are in the historic city-center, a stone's throw away from the Cathedral and the Teatro Massimo. The stalls vary from small shops to breadshops, to fry shops where you can taste a couple of the most beloved items of the street cuisine. The street fare includes arancini di riso alla carne >> page 183

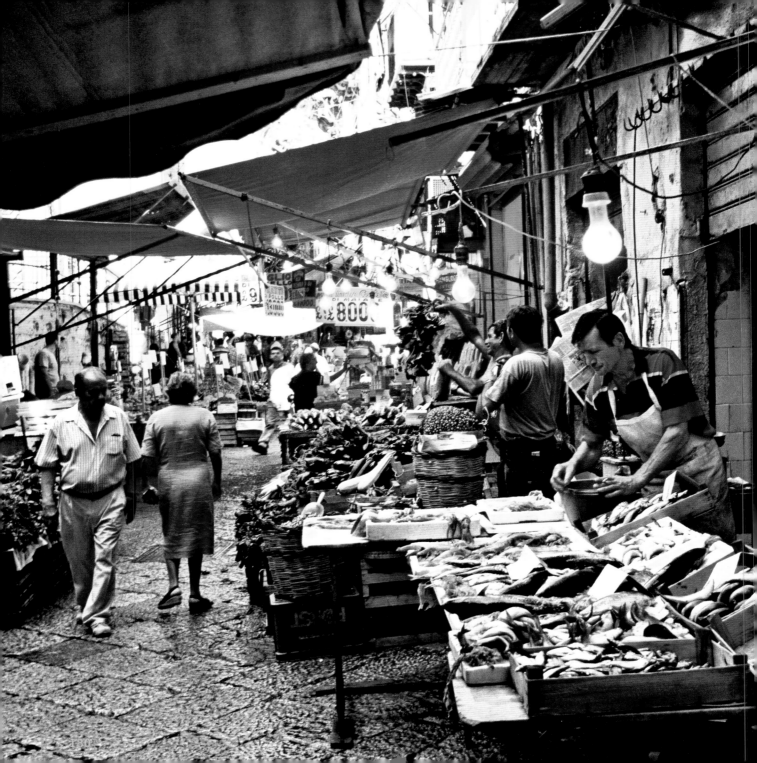

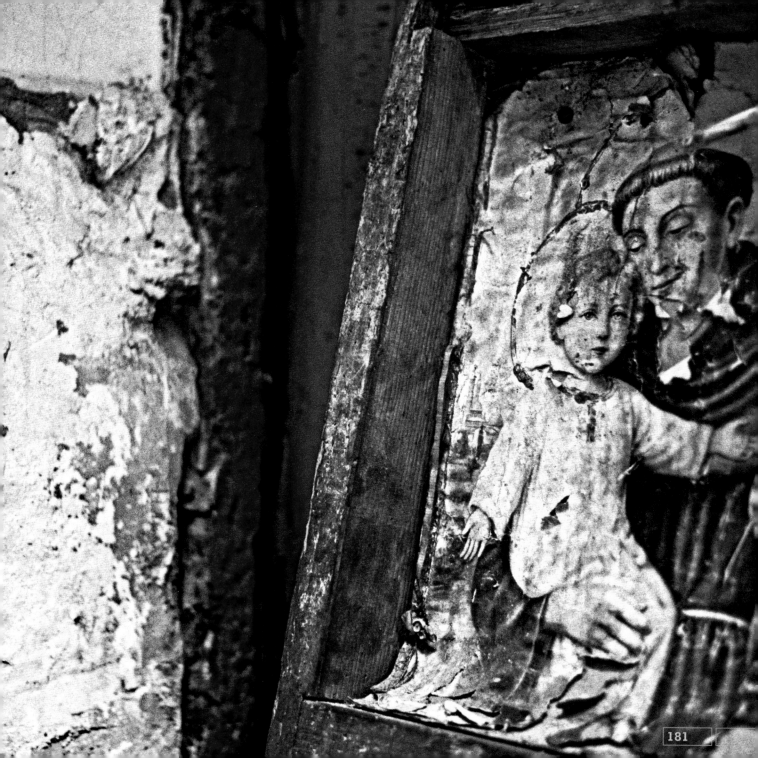

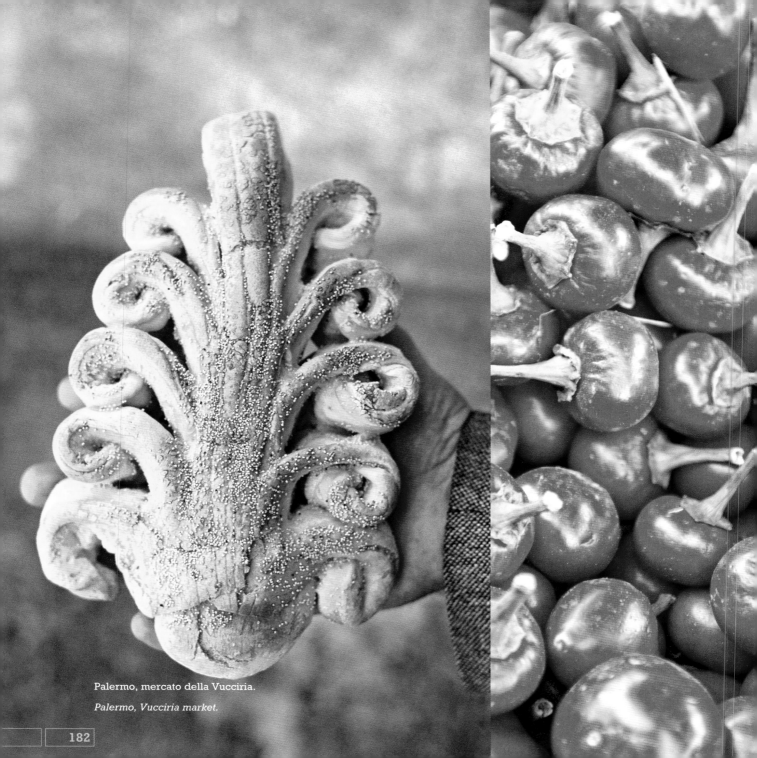

Palermo, mercato della Vucciria.

Palermo, Vucciria market.

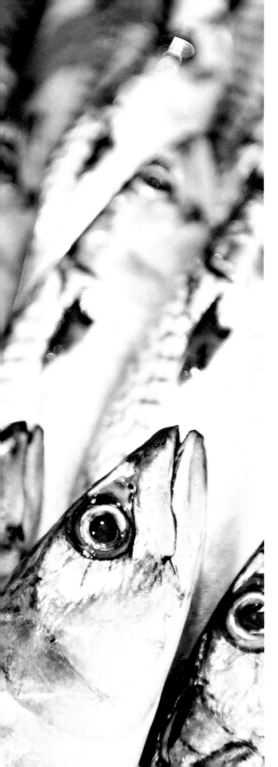

<< pag. 179   i "pani ca' meusa", i panini con la milza di vitello cotta nel lardo e condita con ricotta e caciocavallo. Anche al mercato di Ballarò, i venditori ambulanti "banniano", ovvero gridano come in un suq mediorientale. Per finire il giro mi manca solo l'ultimo, quello del Borgo vecchio. Si trova vicino al porto e resta aperto fino a tardi, tanto che è diventato un luogo di ritrovo affollato di giovani che si danno appuntamento qui per organizzare la serata. E capisco così che anche la dolce vita palermitana passa dal mercato.

<< page 179   *(rice balls with meat), pani ca' meusa, sandwiches with veal spleen fried in lard and served with ricotta and caciocavallo cheeses. In Ballarò, as elsewhere, the street vendors shout their wares as if in a Middle Eastern marketplace. Their calls are known as Banniare. Only one neighborhood is missing to finish my rounds: the market of Borgo Vecchio, near the port. It's open until late and for that reason it has become a crowded meeting place where young people gather to plan their evening. Thus I learn that even the dolce vita of Palermo passes through the market.*

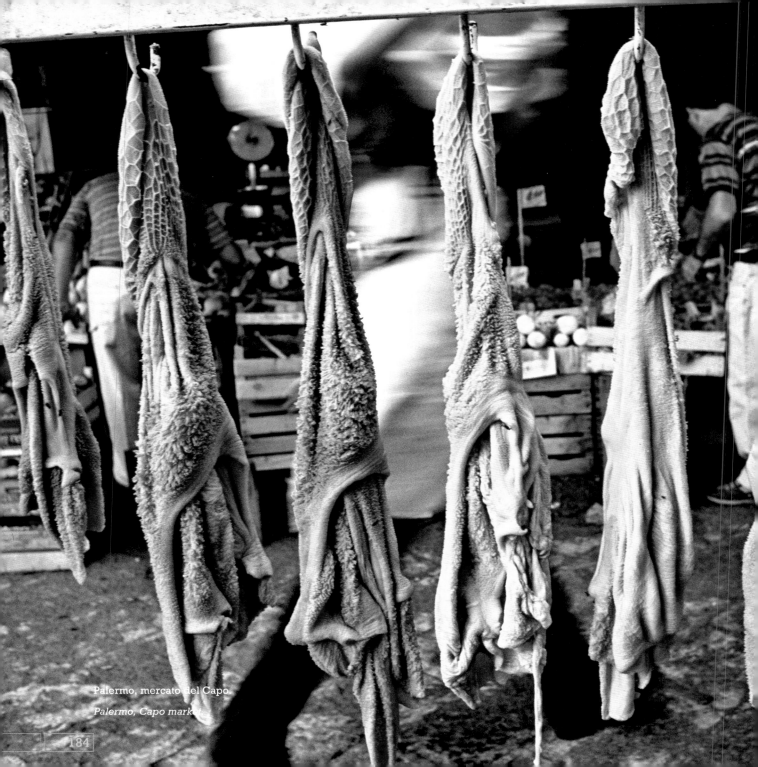

Palermo, mercato del Capo.

Palermo, Capo market.

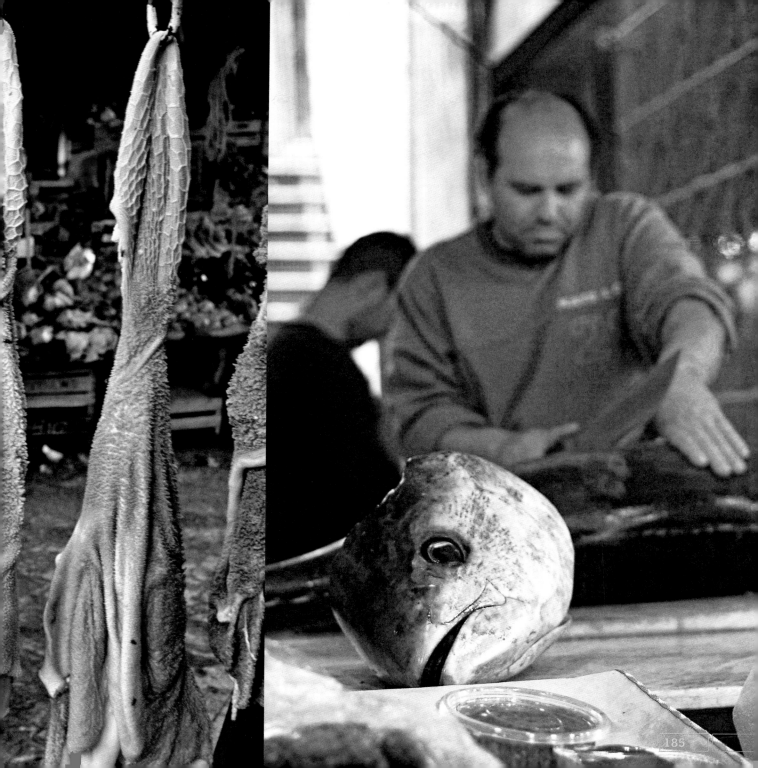

PRESI PER LA GOLA

I dessert dell'isola sono d'ispirazione mediorientale, molto zuccherati. I cannoli te li riempiono al momento, praticamente sotto agli occhi, con ricotta fresca e frutta candita, o con scaglie di cioccolato. Sono ingredienti semplici anche quelli della cassata, una torta a base di ricotta, pan di Spagna, pasta di mandorle, frutta candita, che viene richiusa in una glassa di zucchero. La frutta Martorana viene invece venduta all'interno di cestini di vimini. Prende il nome dal Convento delle suore benedettine della Martorana di Palermo. Oggi la ricetta è passata dal convento ai migliori pasticceri che lavorano con maestria mandorle e zucchero. Piccole sculture che cambiano forma per ogni ricorrenza dell'anno, dalle pecorelle pasquali ai personaggi del presepio natalizio.

SWEET TOOTH

The desserts of the island are of Middle Eastern inspiration: very sweet. Cannoli (crispy cylinders of fried pastry) are filled with fresh ricotta, candied fruit or chocolate chips before your very eyes. The cassata is a layered sponge cake filled with simple ingredients: ricotta cheese, sugar, almond paste and candied fruit. It is then covered with icing. Frutti Martorana, a kind of Marzipan, is sold in wicker baskets and gets its name from the Convent of Benedictine Nuns of the church of the Martorana in Palermo. Today the recipe has passed from the convent to the best pastry chefs who work almonds and sugar with mastery. Small sculptures change shape for each holiday: little sheep for Easter and figures from the nativity scene for Christmas.

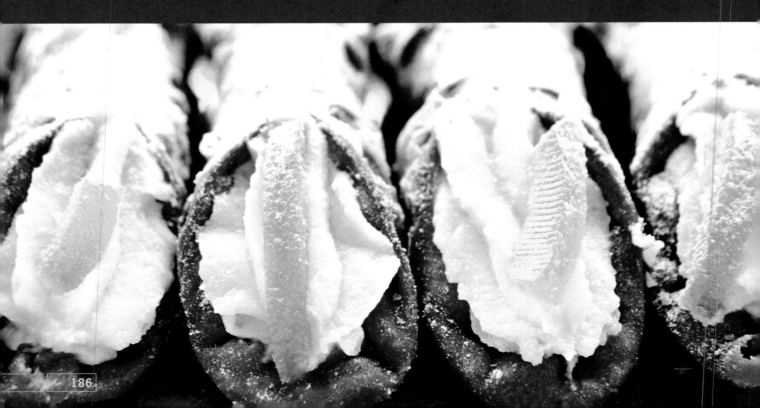

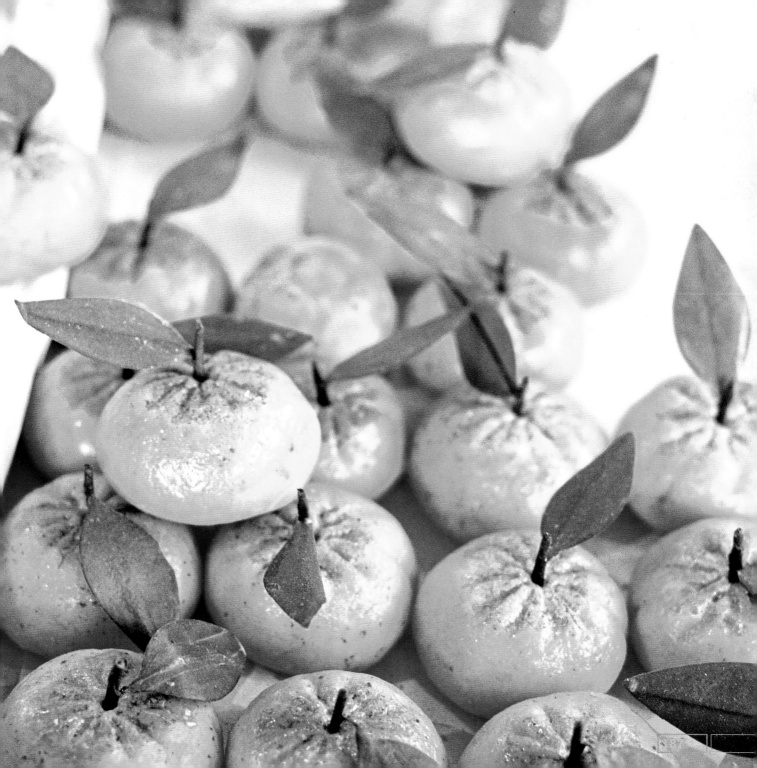

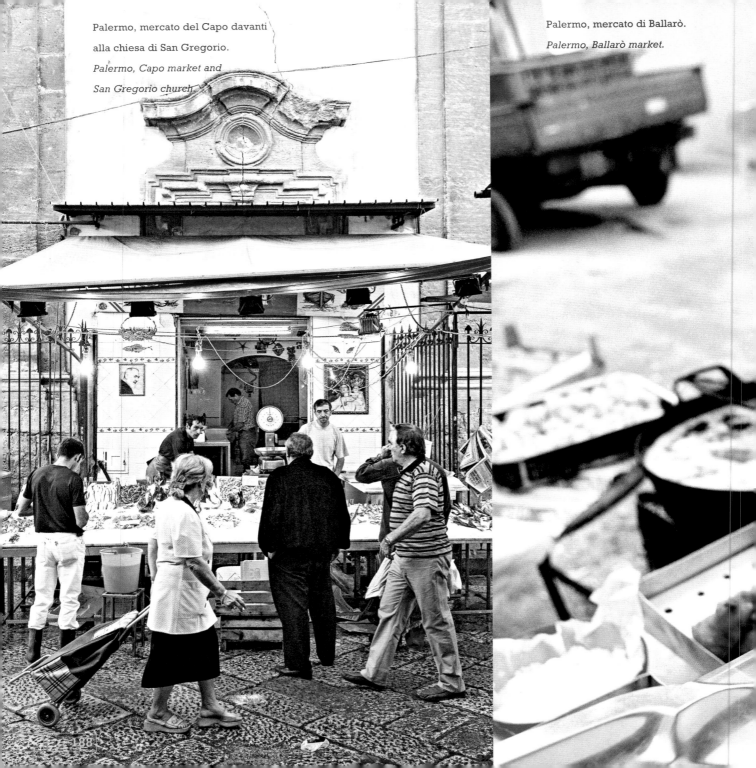

Palermo, mercato del Capo davanti
alla chiesa di San Gregorio.
*Palermo, Capo market and
San Gregorio church.*

Palermo, mercato di Ballarò.
Palermo, Ballarò market.

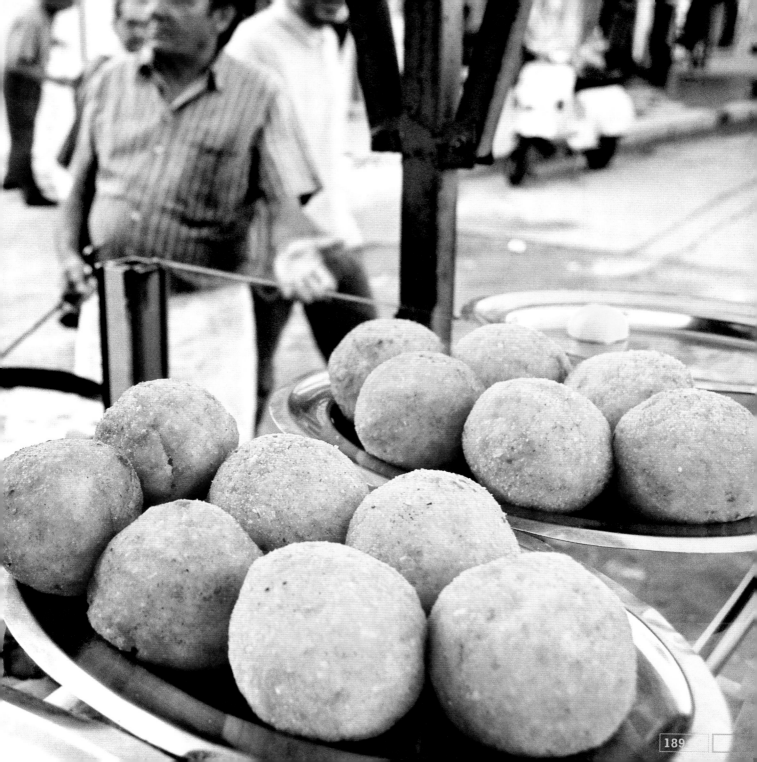

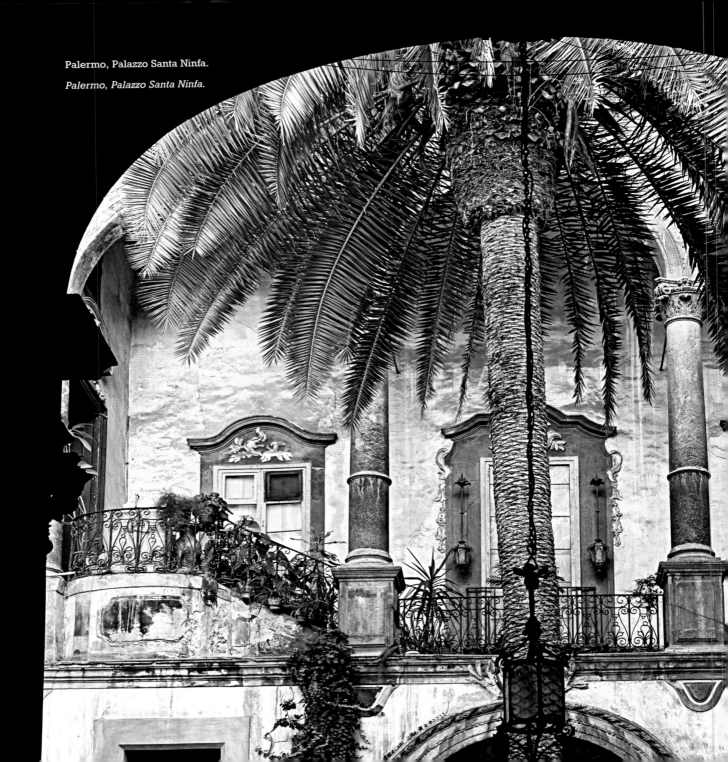

Palermo, Palazzo Santa Ninfa.

Palermo, Palazzo Santa Ninfa.

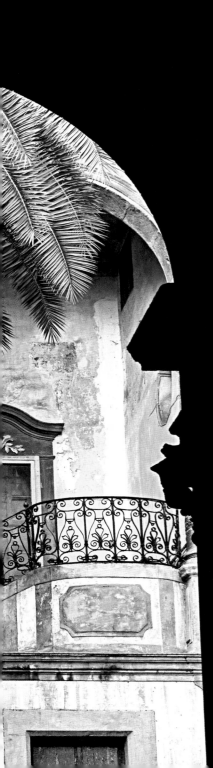

il capoluogo siciliano è un crocevia di storia, arte e cultura mediterranea

palermo, la nobile noble palermo

the capital city of sicily is a crossroads of mediterranean history, art and culture

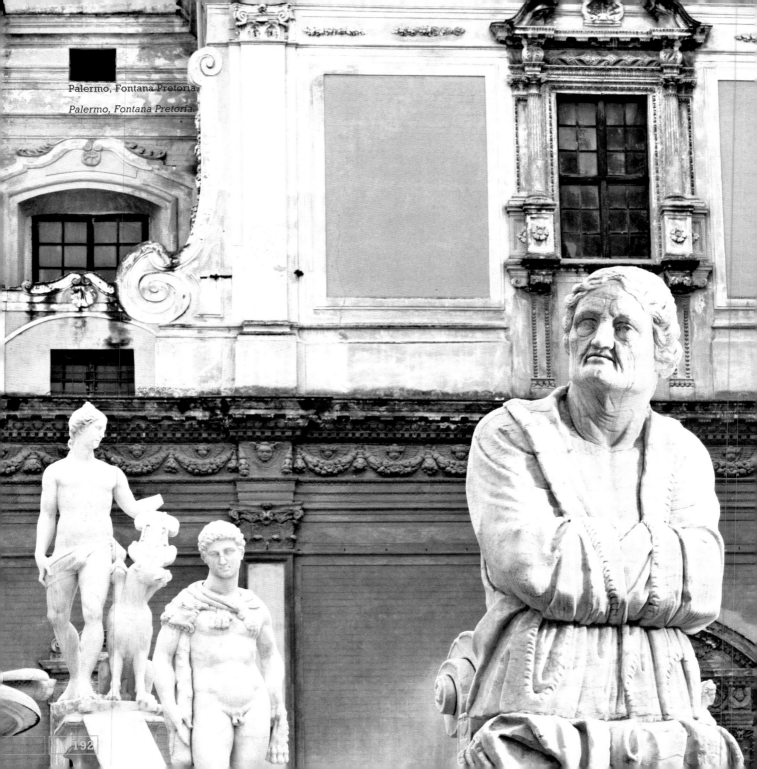

Palermo, Fontana Pretoria.

Palermo, Fontana Pretoria.

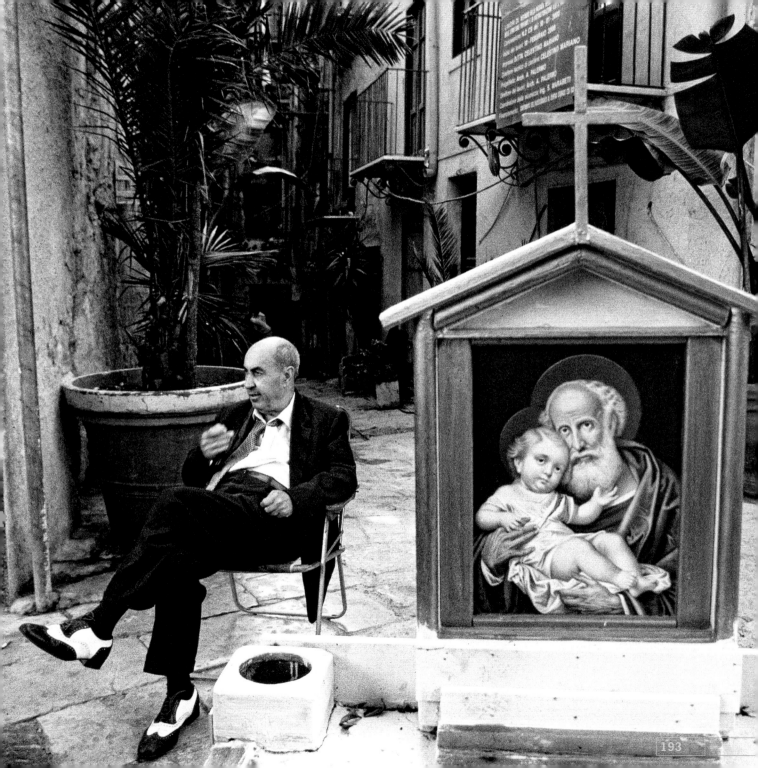

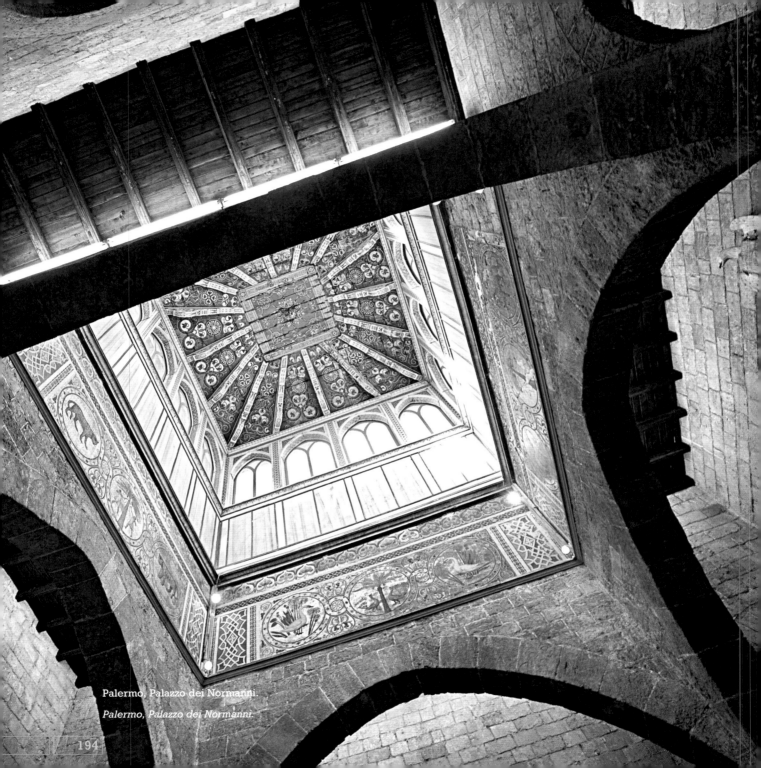

Palermo, Palazzo dei Normanni.

Palermo, Palazzo dei Normanni.

Sarà perché da qui sono passati Fenici, Greci, Romani, Bizantini, Arabi, Normanni, Spagnoli e Austriaci e ognuno di loro ha lasciato nella città segni importanti. Comunque sia, non sapevo da dove partire per scoprire Palermo. E allora mi sono affidata a Santa Rosalia, la venerata patrona della città. Sono subito entrata nella Cattedrale, splendida sintesi di diverse epoche, per visitare la cappella a lei dedicata. Lì, dietro a un cancello, c'è l'urna che custodisce le reliquie di Rosalia. Tutti gli anni, nel mese di luglio, i palermitani la seguono in processione a conclusione del "Fistinu" dedicato alla "Santuzza". Uscita dalla chiesa, perlustro i quattro "mandamenti", i quartieri che compongono il centro storico, originati dall'incrocio tra le due principali arterie, la via Maqueda e il "Cassaro".

>> pag. 199

It must be because many nations have come through here: Phoenicians, Greeks, Romans, Byzantines, Arabs, Normans, Spanish and Austrians and each has left their mark on the city. In any case, I didn't know where to begin to discover Palermo so I put myself in the hands of Saint Rosalie, the venerated patron saint of the city. I immediately went into the Cathedral which is a splendid synthesis of various periods to visit the chapel dedicated to her. There, behind a gate, is the urn that holds the relics of Rosalie. Every year, in the month of July, the people of Palermo follow in procession to close the Fistinu (Festival) dedicated to their Santuzza (dear little saint). After I come out of the church, I explore the four mandamenti, the neighborhoods that make up the historic city-center situated around the two main streets,

>> page 199

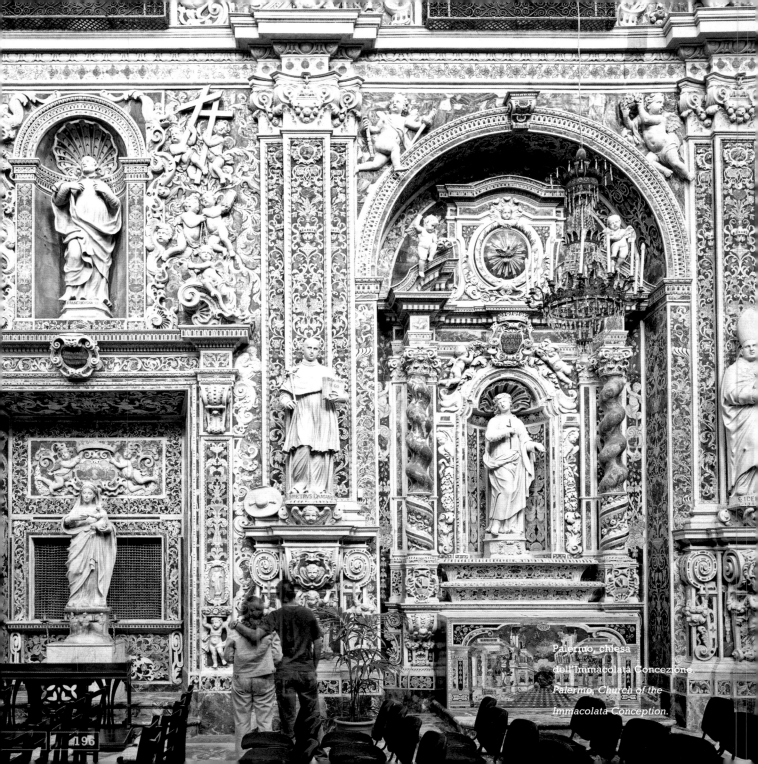

Palermo, chiesa
dell'Immacolata Concezione,
Palermo, Church of the
Immacolata Conception.

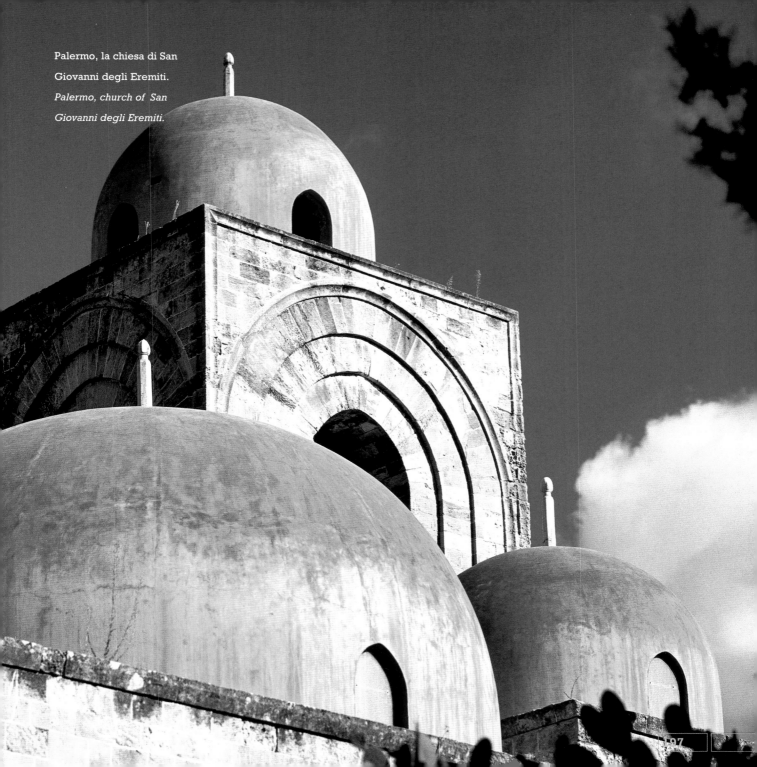

Palermo, la chiesa di San
Giovanni degli Eremiti.
*Palermo, church of San
Giovanni degli Eremiti.*

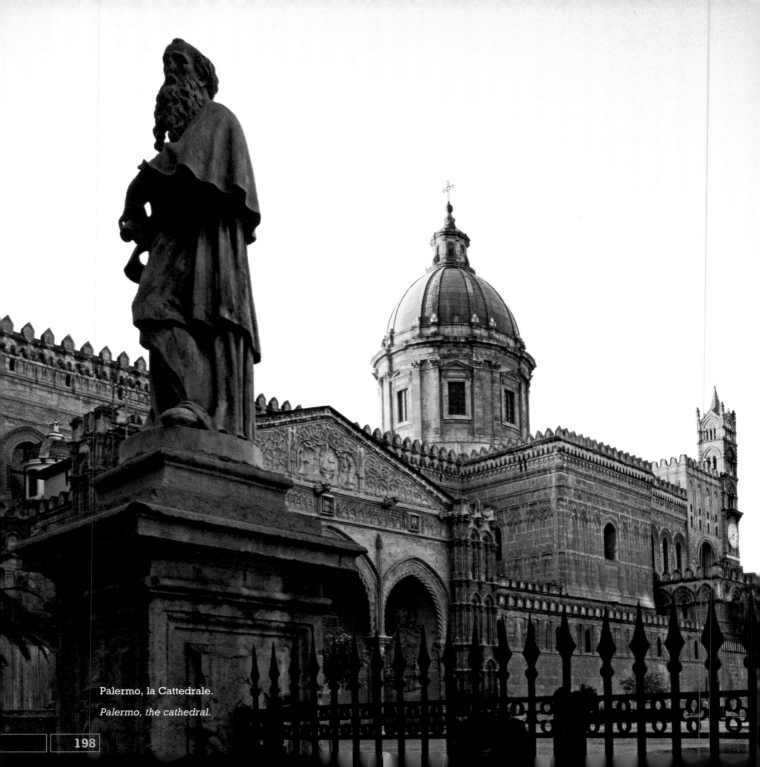

Palermo, la Cattedrale.

Palermo, the cathedral.

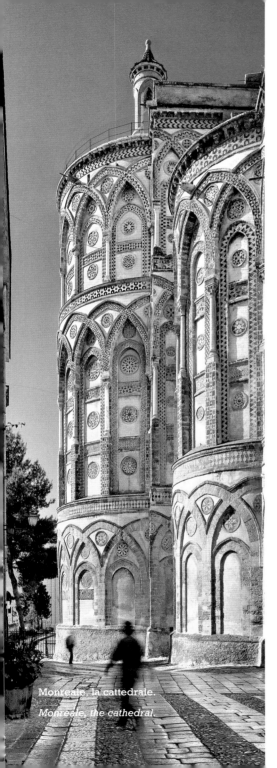

Monreale, la cattedrale.
Monreale, the cathedral.

<< pag. 195 Questa via, che oggi si chiama Corso Vittorio Emanuele, è un susseguirsi di chiese, piazze, palazzi aristocratici, conventi. Le strade dello shopping sono invece nei dintorni del Teatro Politeama e dell'elegante via Ruggero Settimo. Da qui raggiungo la chiesa più fotografata di Palermo, ovvero San Giovanni degli Eremiti. Alla sua sommità, cinque cupole rosse risaltano tra l'azzurro del cielo e il grigio del tufo geometricamente squadrato, davvero una bella inquadratura da incorniciare per ricordo.

<< page 195 *Via Maqueda and the Cassaro. The latter is now called Corso Vittorio Emanuele and it is lined by a series of churches, piazzas, aristocratic palazzi and convents. The shopping streets are located around the Teatro Politeama and along the elegant Via Ruggero Settimo. From here I come to San Giovanni degli Eremiti, the most photographed church in Palermo. Five red domes stand out against the blue of the sky and the grey of the geometrically squared off tufa, truly an excellent photo to frame as a keepsake.*

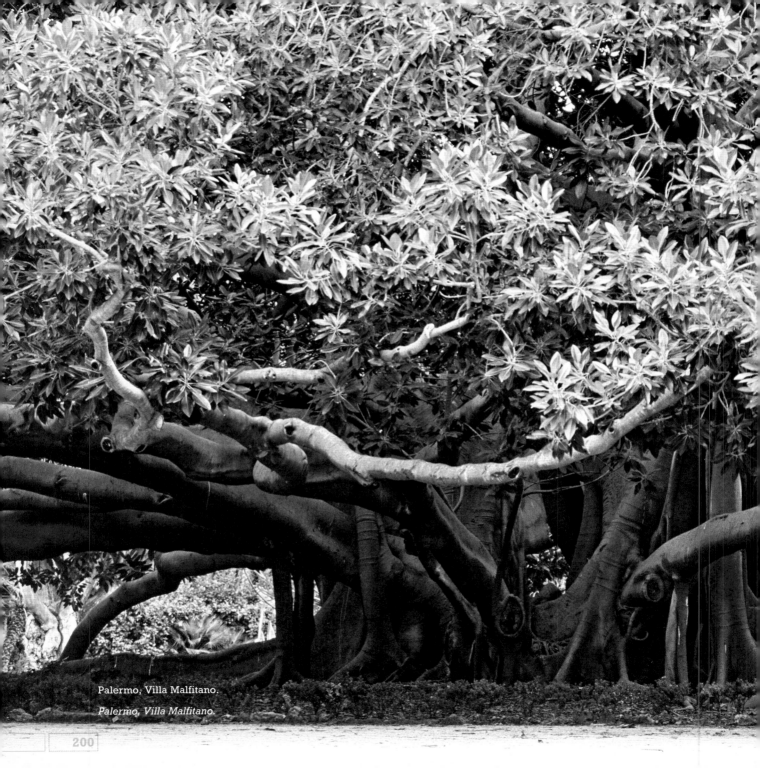

Palermo, Villa Malfitano.

Palermo, Villa Malfitano.

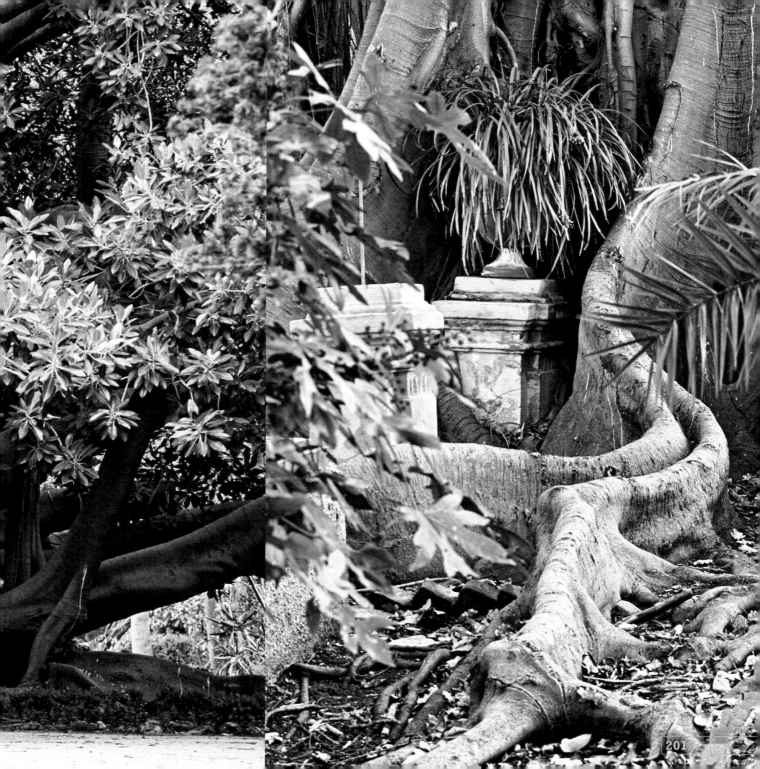

BAGHERIA E LE SUE VILLE

Guardo e riguardo i particolari di Villa Palagonia: è veramente stravagante. Non a caso la chiamano "villa dei mostri". È una tra le magnifiche dimore edificate a Bagheria dai nobili palermitani tra il XVII e il XIX secolo, quando molti tra loro scelsero come ritiro di vacanza questo paese sul mare. Il più eccentrico tra tutti, Francesco VII principe di Palagonia, adornò la sua villa barocca con decine di statue decisamente grottesche e con arredi interni assai curiosi. Altre belle ville sono la seicentesca Villa Butera, anche se ormai semidistrutta, e Villa Valguarnera, la più lussuosa tra tutte. L'austera Villa Cattolica ospita invece oggi una ricca pinacoteca di opere del pittore Renato Guttuso, nato a Bagheria nel 1911 e sepolto nel giardino retrostante la dimora.

BAGHERIA AND ITS VILLAS

I look at the details of Villa Palagonia over and over again. It's outrageous! Not by chance do they call it the "villa of the monsters". It is one of the many magnificent homes built by the nobility of Palermo between the seventeenth and nineteenth centuries when many of them chose this seaside town as a vacation spot. This is decidedly the most eccentric of all of them. Francesco VII, Prince of Palagonia, decorated this baroque villa with dozens of grotesque statues and extremely curious interior designs and furnishings. Other beautiful villas are the Villa Bufera from the seventeenth century, despite the fact that it is in partial ruin and Villa Valguarnera which is the most luxurious of them all. The austere Villa Cattolica hosts a rich collection of paintings by the painter Renato Guttuso who was born in Bagheria in 1911 and is buried in the garden behind the house.

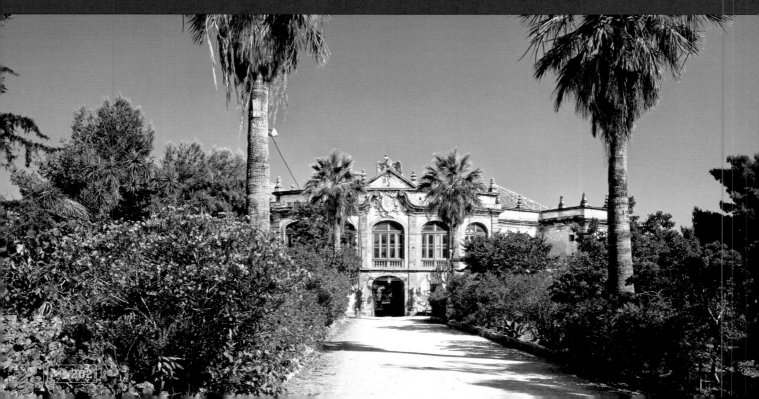

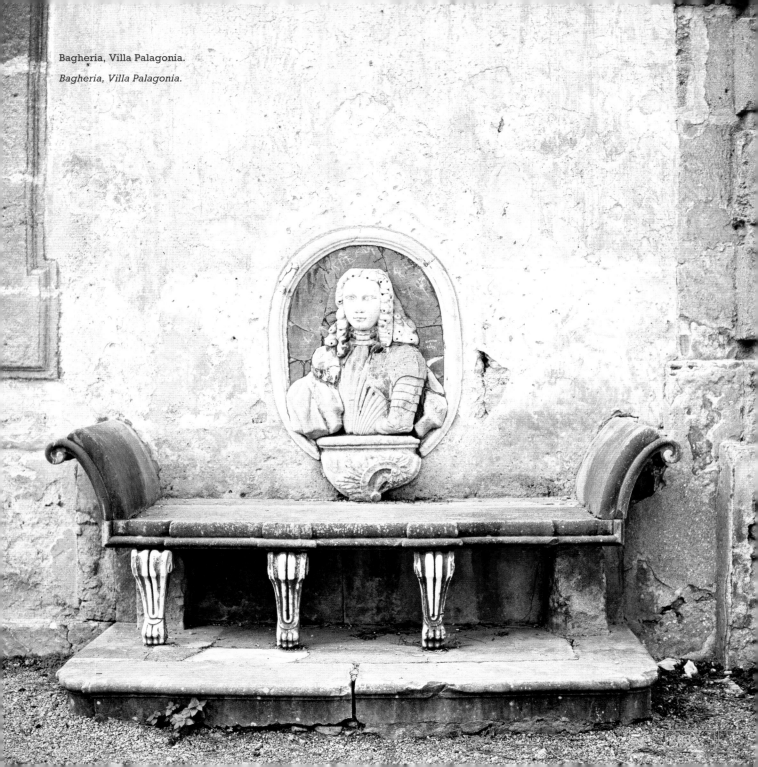

Bagheria, Villa Palagonia.

Bagheria, Villa Palagonia.

Bagheria, Villa Palagonia.

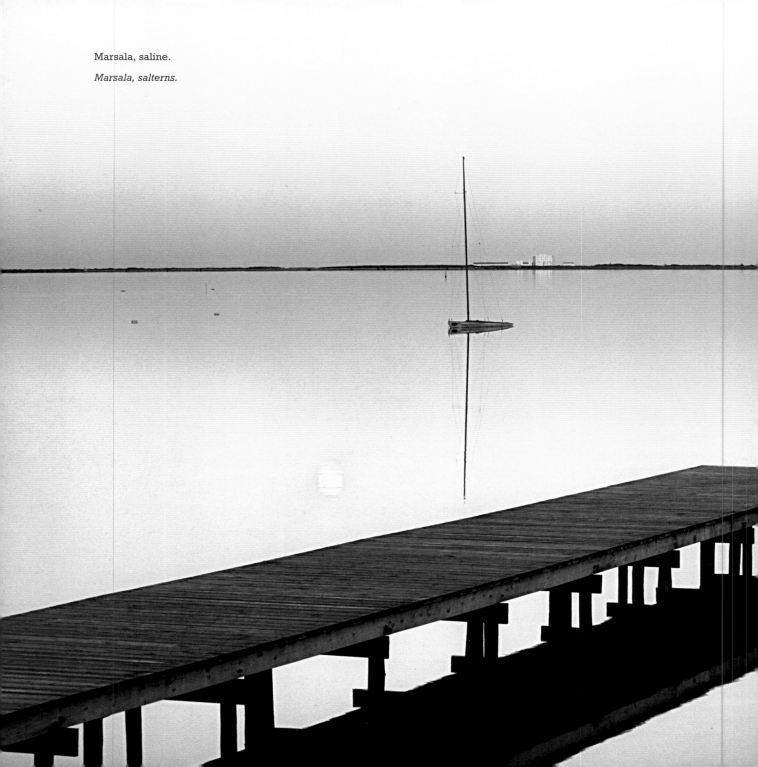

Marsala, saline.

Marsala, salterns.

sale e
sole salt
and sun

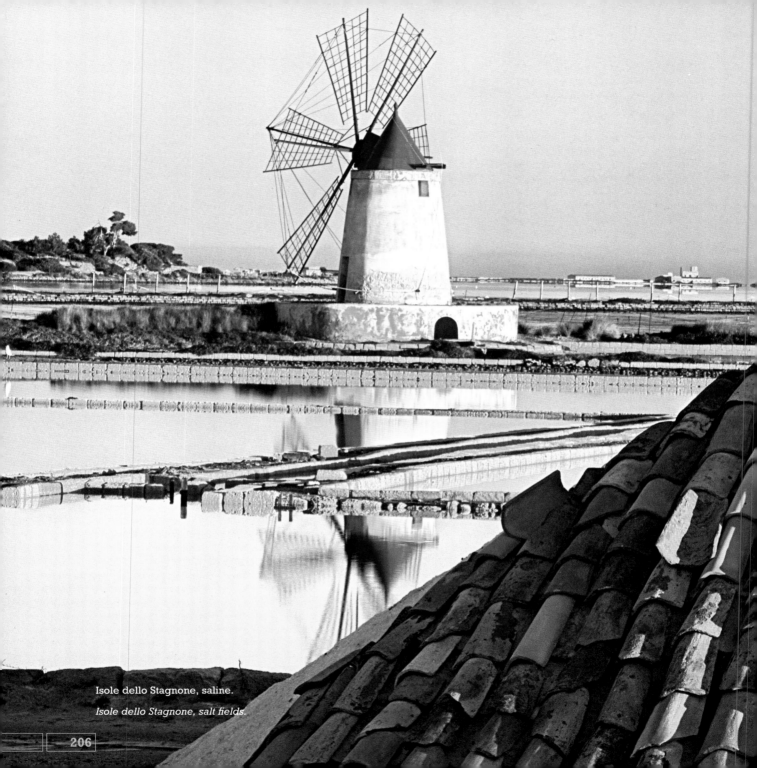

Isole dello Stagnone, saline.

Isole dello Stagnone, salt fields.

Percorro la strada provinciale 21 che, costeggiando il mare, da Trapani mi porta verso Marsala.

Davanti ai miei occhi si aprono distese bianchissime di sale. Quando supero la Torre Nubia e le

estensioni salmastre della Salina Grande, lo sguardo è attirato dalle Isole dello Stagnone. Lascio la

macchina e m'imbarco verso San Pantaleo. Scelgo quest'isola perché è carica di storia. Venne distrutta

nel 397 a.C., da Dionigi il vecchio, il tiranno di Siracusa, e da allora dimenticata per oltre duemila anni.

"Solo alla fine dell'Ottocento, mi spiega la guida del museo Whitaker, le tracce di questa colonia

cominciarono a riemergere". E il merito fu proprio di Joseph Whitaker, a cui è dedicato il museo,

imprenditore inglese che acquistò l'isola alla fine dell'Ottocento, >> pag. 209

I follow the Strada Provinciale 21 which runs along the sea from Trapani towards Marsala. White expanses

of salt open before my eyes and under the sun they have the effect of a mirage. As I leave the Torre Nubia

and the salt flats of the Salina Grande to my right, my eye is drawn to the Islands of the Stagnone (the

lagoon). I leave my car in the parking lot near the dock and I take a boat headed for San Pantaleo which I

chose because it is so rich in history. It was destroyed in 397 B.C. by Dionysius the elder, tyrant of Syracuse

and forgotten for more than two thousand years. "It was only at the end of the nineteenth century that traces

of this colony began to re-emerge", explains the guide of the Museo Whitaker. This re-emergence is

entirely due to Joseph Whitaker, an English entrepreneur to whom >> page 209

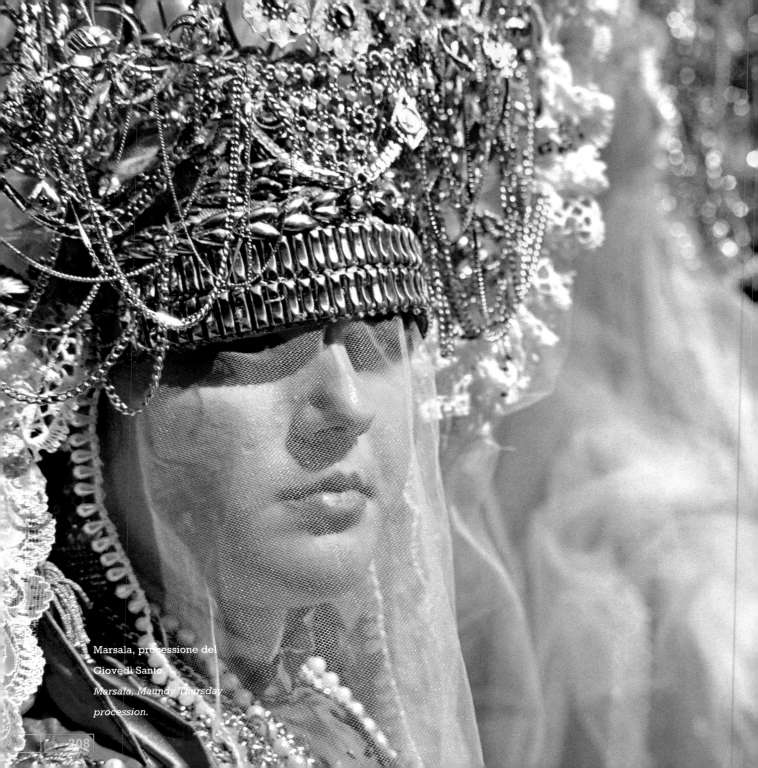

Marsala, processione del
Giovedì Santo.
*Marsala, Maundy Thursday
procession.*

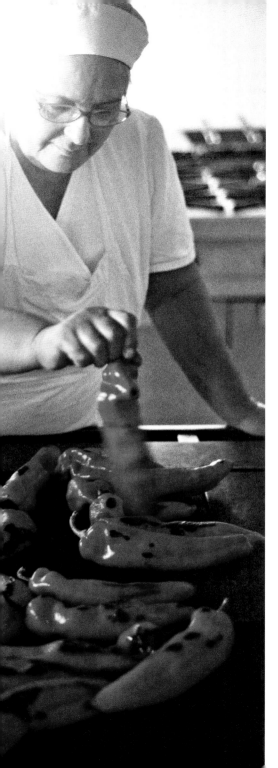

<< pag. 207 dando vita a una serie di scavi. Passeggiando tra le sale mi fermo davanti alla statua di un giovane auriga. È stata ritrovata proprio nelle acque dello Stagnone ed è diventata il simbolo di Mozia. Sale e sole sono il tema di quest'estrema punta della Sicilia che abbraccia anche le isole Egadi. Sono le piccole Favignana, Levanzo e Marettimo. Insieme non superano i trentasette chilometri quadrati, ma per la loro bellezza sono state compensate con il titolo di Parco Marino delle Egadi.

<< page 207 *the museum is dedicated. He purchased the island at the end of the nineteenth century and gave life to a series of archaeological digs. Walking from hall to hall I stop in front of the statue of a young charioteer which was found in the waters of the Stagnone and is now the symbol of Mozia. Salt and sun are a constant theme at this far end of Sicily which embraces the Egadi Islands: the little Favignana, Levanzo and Marettimo which have been awarded the designation Parco Marino delle Egadi (Marine Park of the Egadi Islands).*

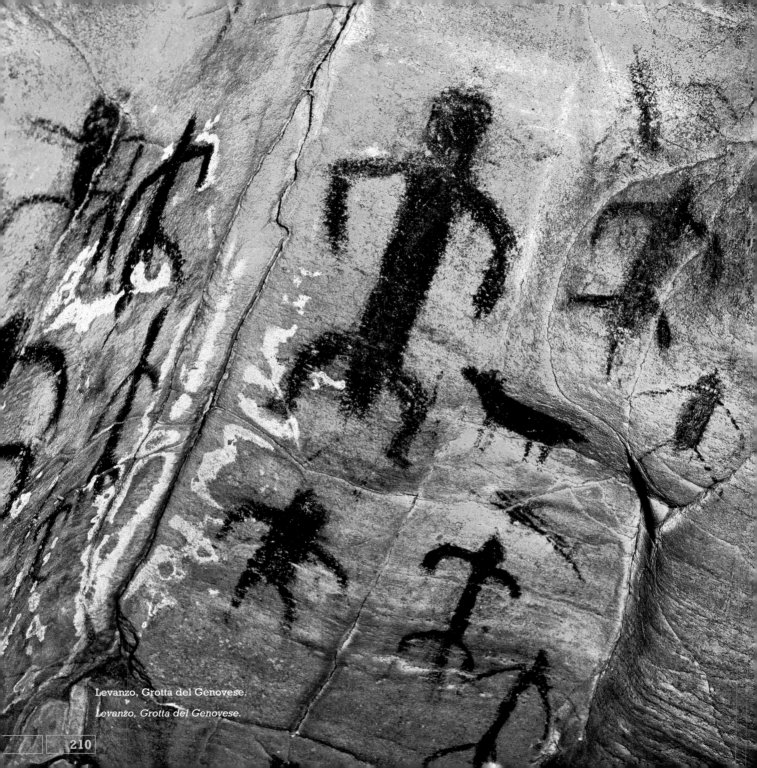

Levanzo, Grotta del Genovese.

Levanzo, Grotta del Genovese.

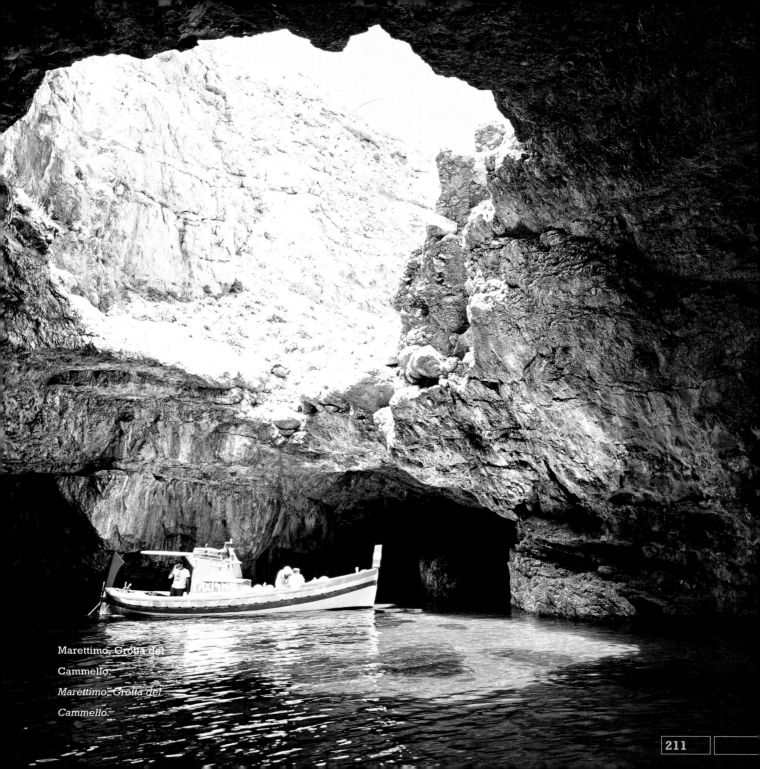

Marettimo, Grotta del
Cammello.
*Marettimo, Grotta del
Cammello.*

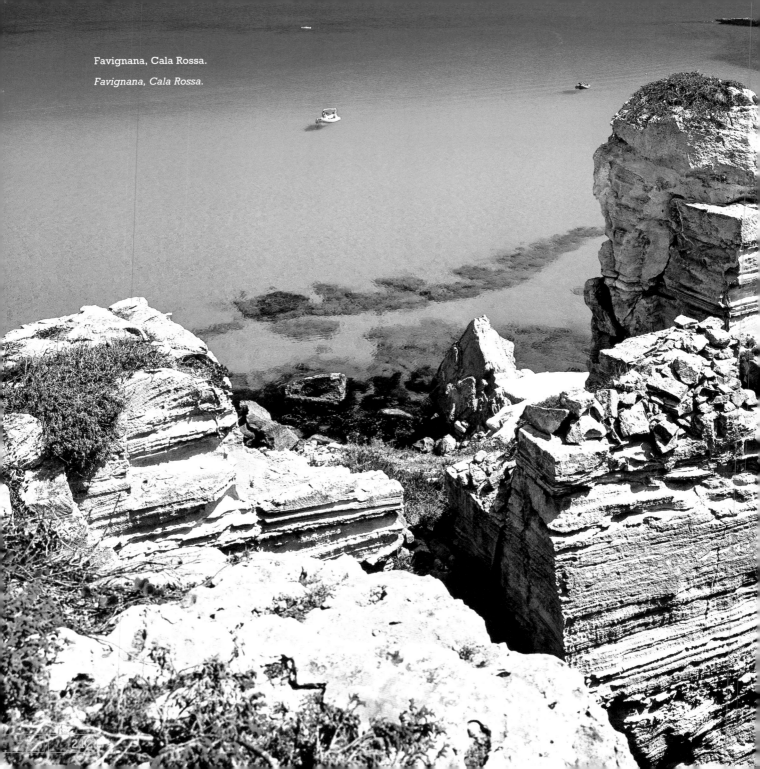

Favignana, Cala Rossa.

Favignana, Cala Rossa.

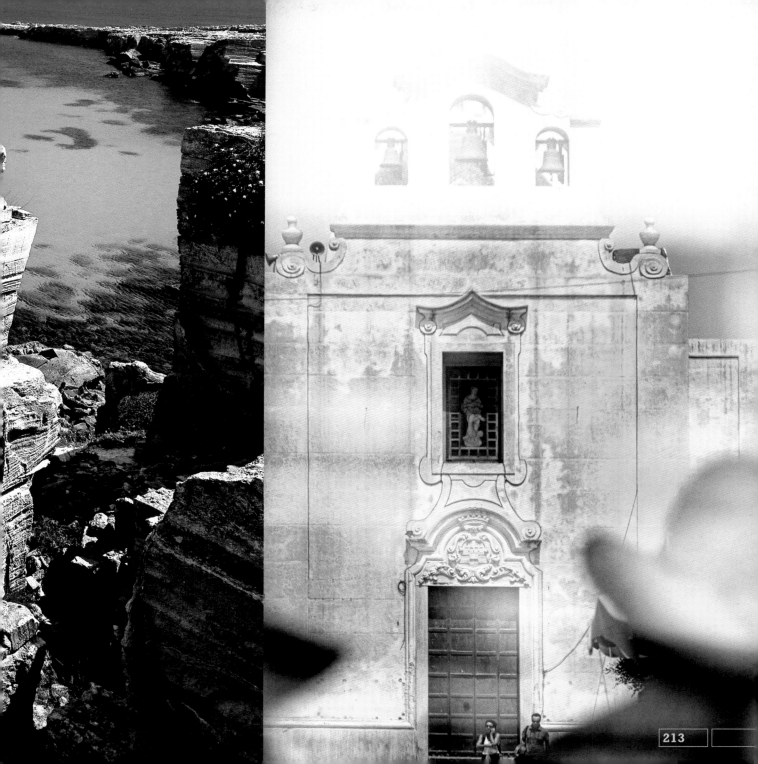

LA PRODUZIONE DI SALE

"Era duro, una volta, il lavoro del salinaro". Così inizia il suo racconto la guida del Museo del Sale di Nubia, ricavato da una casa salaria vecchia di trecento anni. Oggi è una sede del WWF, che gestisce la Riserva Naturale delle Saline di Trapani e Paceco e organizza visite guidate per scoprire i segreti della lavorazione di questo "oro bianco". Sono conservati ingranaggi di mulini, pale, ruote dentate, mentre alle pareti sono appese foto in bianco e nero degli operai al lavoro, un'arte che si tramandava da padre in figlio. Oggi il sale continua ancora ad essere estratto, ma con modalità tutte meccaniche. I mulini, così caratteristici di questo paesaggio, non si utilizzano più, ma punteggiano ancora i ventinove chilometri della strada del sale, da Trapani a Marsala.

THE MAKING OF SALT

"The job of the salt worker was once very hard". This is how the guide of the Museo del Sale di Nubia (Salt Museum of Nubia) begins his tale. The museum is located in a three hundred-year-old salt workers house. This building is also the seat of the local World Wildlife Fund chapter which manages the Riserva Naturale delle Saline di Trapani e Paceco (Nature Reserve of the Salterns of Trapani and Paceco) and organizes free visits to discover the secrets of the harvesting of this "white gold". The museum preserves mill gearing, windmill vanes and cog wheels. Old black and white photographs depicting salt workers at work are hung on the walls. This was an art that was passed down from father to son. Today salt is still extracted, but by mechanical means. The windmills which are so common to the landscape are no longer in use, but they still dot the twenty-nine kilometers of the salt road that runs from Trapani to Marsala.

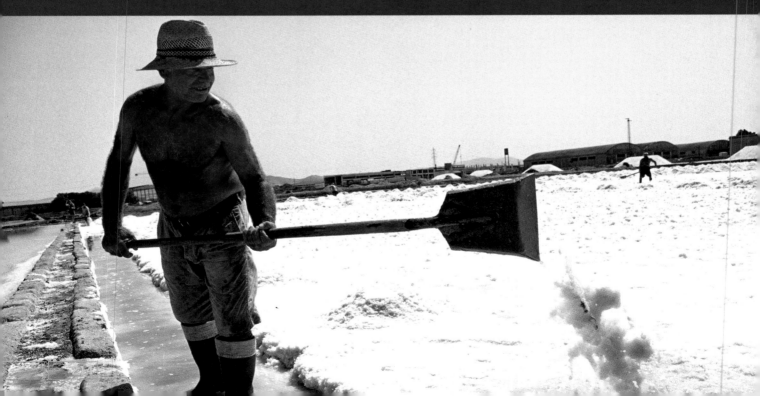

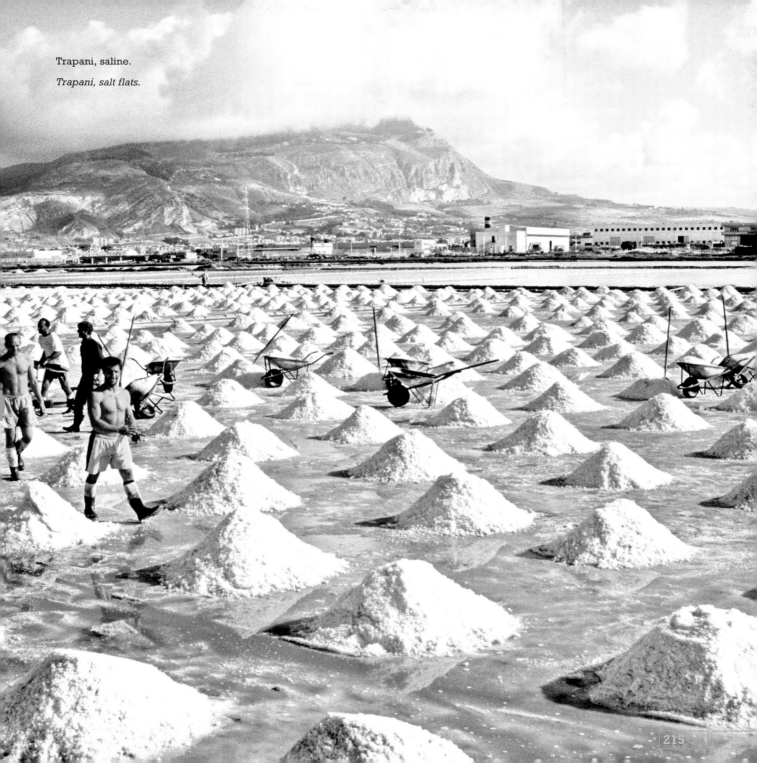

Trapani, saline.
Trapani, salt flats.

Siracusa, Ortigia.

Syracuse, Ortygia.

siracusa e ortigia, tra eleganti palazzi del
seicento e vestigia greche

un mosaico
di storie a
mosaic of
histories

syracuse and ortygia, among elegant
palazzi of the seventeenth century and
greek ruins

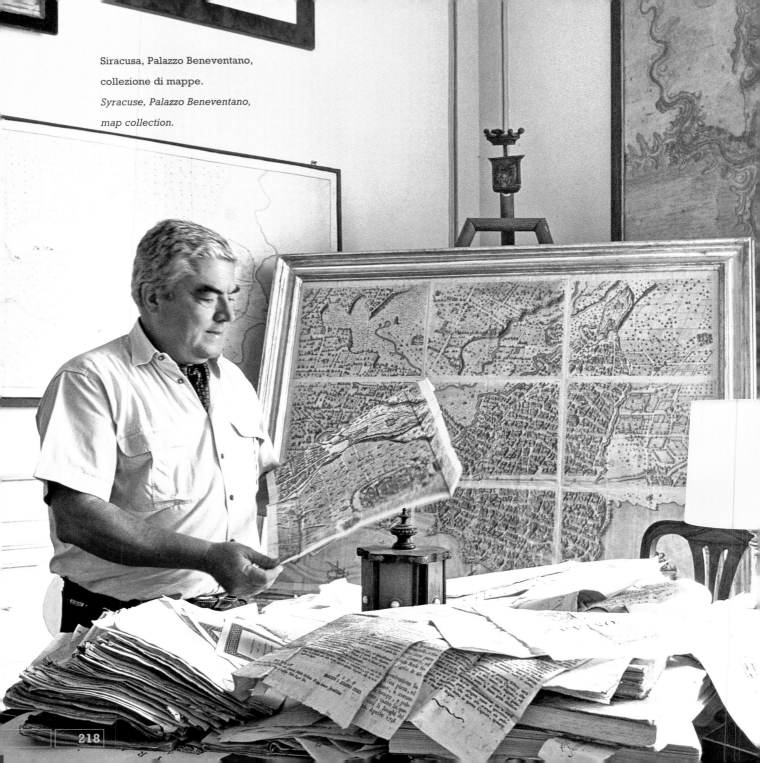

Siracusa, Palazzo Beneventano,
collezione di mappe.
*Syracuse, Palazzo Beneventano,
map collection.*

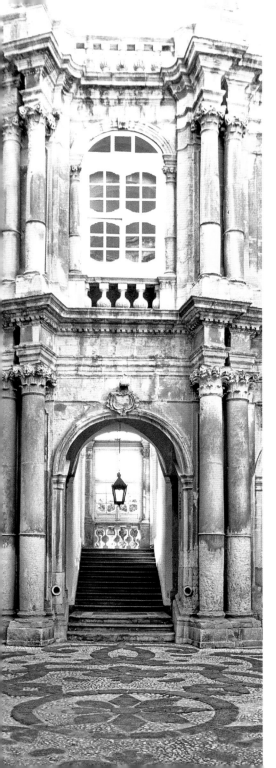

Ortigia è il cuore storico di Siracusa, la città che è entrata nella lista Unesco come Patrimonio Mondiale dell'Umanità. Qui le suggestioni del passato si mescolano con la vita di tutti i giorni. Come il tempio di Apollo, il più antico della Magna Grecia, le cui rovine sono tra le poche testimonianze di architettura dorica giunte fino a noi. Pietre che hanno assorbito la storia e che oggi fanno da sfondo alle bancarelle del mercato. Passeggio tra i vicoli e trovo una sorpresa

>> pag. 223

The isle of Ortygia is the historical city-center of Syracuse which is a Unesco World Heritage site. Here the fascination exerted by the city's rich past mingles with everyday life. The Temple of Apollo is the most ancient temple of Magna Graecia and is one of the few remaining examples of Doric architecture. Stones that absorbed history now serve as the backdrop to market stalls. I stroll through the narrow streets and find a surprise at every corner: a façade from the

>> page 223

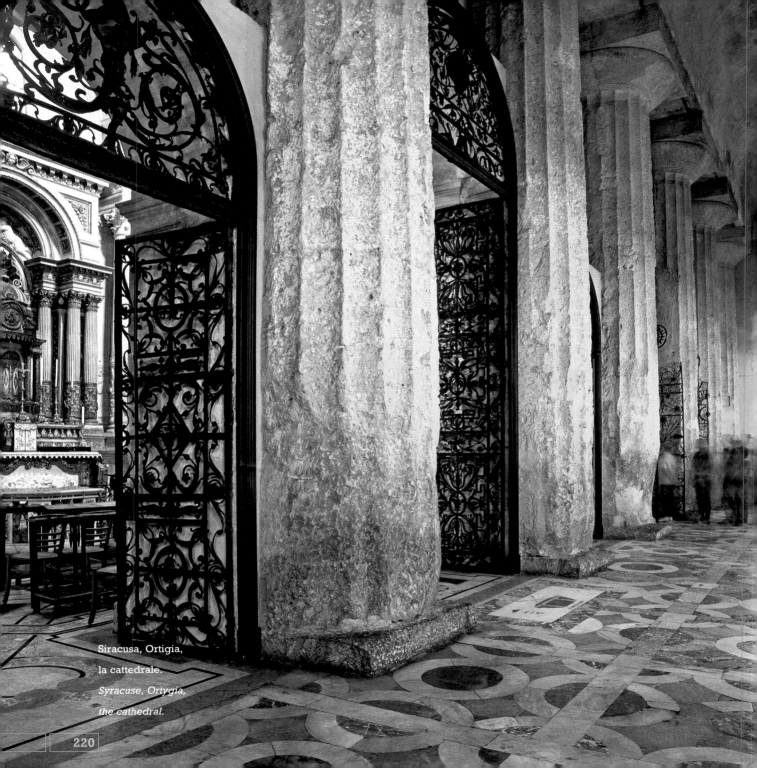

Siracusa, Ortigia,
la cattedrale.
*Syracuse, Ortygia,
the cathedral.*

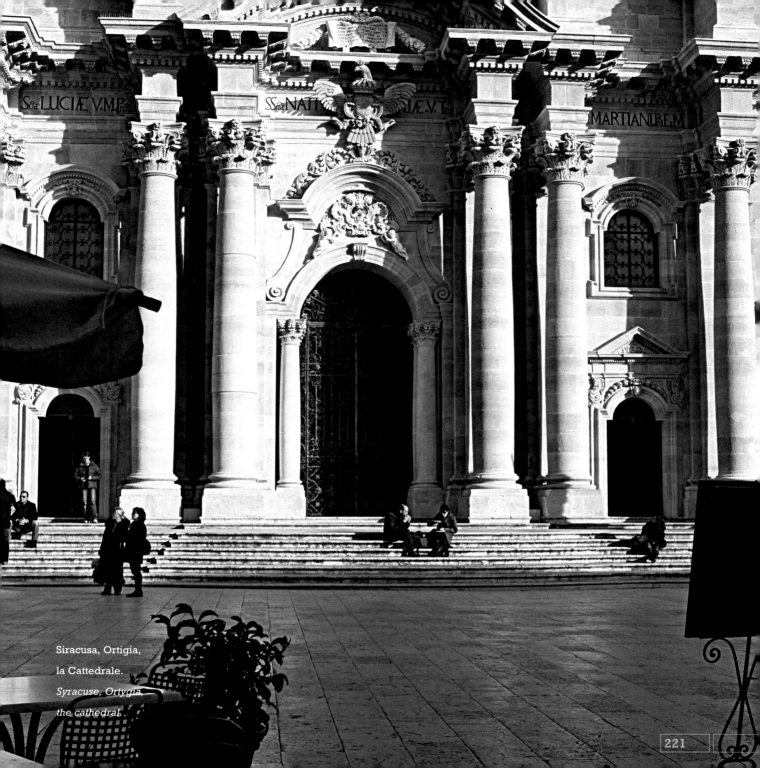

Siracusa, Ortigia,
la Cattedrale.
*Syracuse, Ortygia,
the cathedral.*

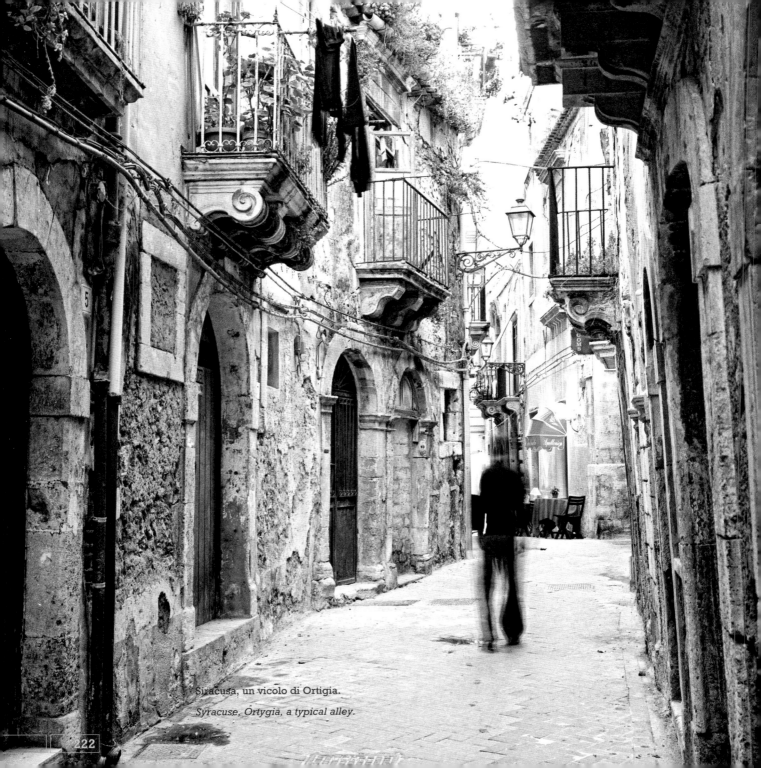

Siracusa, un vicolo di Ortigia.

Syracuse, Ortygia, a typical alley.

<< pag. 219 ad ogni angolo. Una facciata seicentesca, uno scorcio di mare, il profumo della cucina che si sprigiona dai ristoranti. Continuo a camminare fino a quando non incontro la sorpresa più grande: la piazza del Duomo, considerata una tra le più belle d'Italia. Dalla piazza del Duomo parte via Landolina, che, insieme a via Roma, si contende il titolo per la strada più chic. D'estate la città è davvero splendente, a partire dal Teatro Greco, costruito nel V secolo a.C., maggiore esempio di architettura teatrale dell'Occidente. Quasi interamente scavato nella roccia, viene ancora usato per le rappresentazioni di antichi drammi greci. Il teatro si trova nel Parco Archeologico della Neapolis, dove si concentra la maggior parte dei monumenti classici greci e romani di questa antica città che un tempo ha rivaleggiato con Atene e Cartagine.

<< page 219 *seventeenth century, a glimpse of the sea, aromas that burst from the kitchens of restaurants. I keep walking until I encounter the greatest surprise of all: the Piazza of the Duomo, considered one of the most beautiful in all Italy. Via Landolina begins from the Piazza of the Duomo and it vies with Via Roma for the title of most chic. In the summer the city is truly splendid. The Greek Amphitheater which was built in the fifth century B.C. is still the best example of Western theater architecture. It is almost entirely dug out from the rock and today is still the setting for performances of ancient Greek plays. The theater is found in the Parco Archeologico della Neapolis where most of the classic Greek and Roman monuments can be found in this ancient city that was once a rival to Athens and Carthage.*

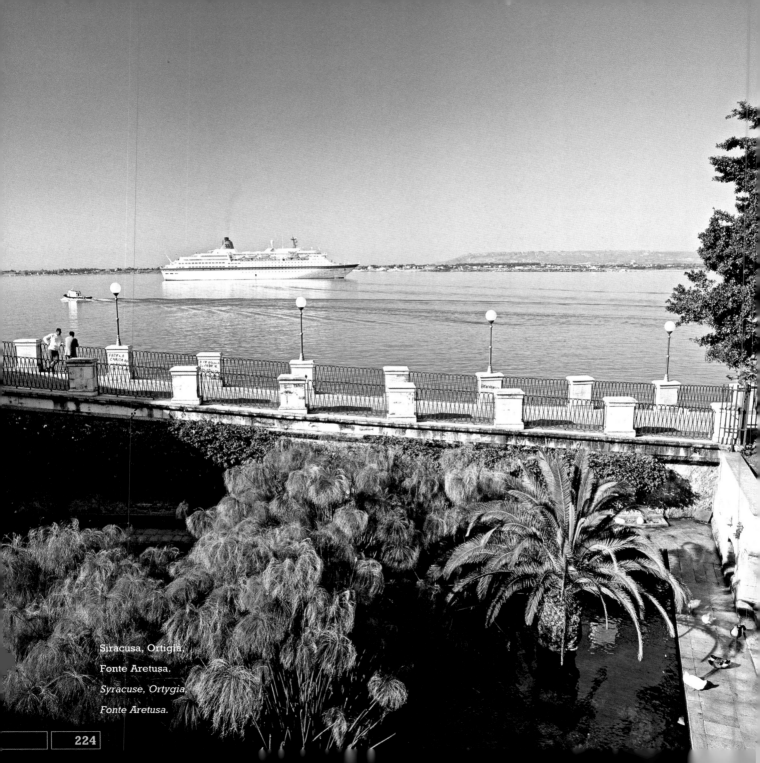

Siracusa, Ortigia,
Fonte Aretusa.
*Syracuse, Ortygia,
Fonte Aretusa.*

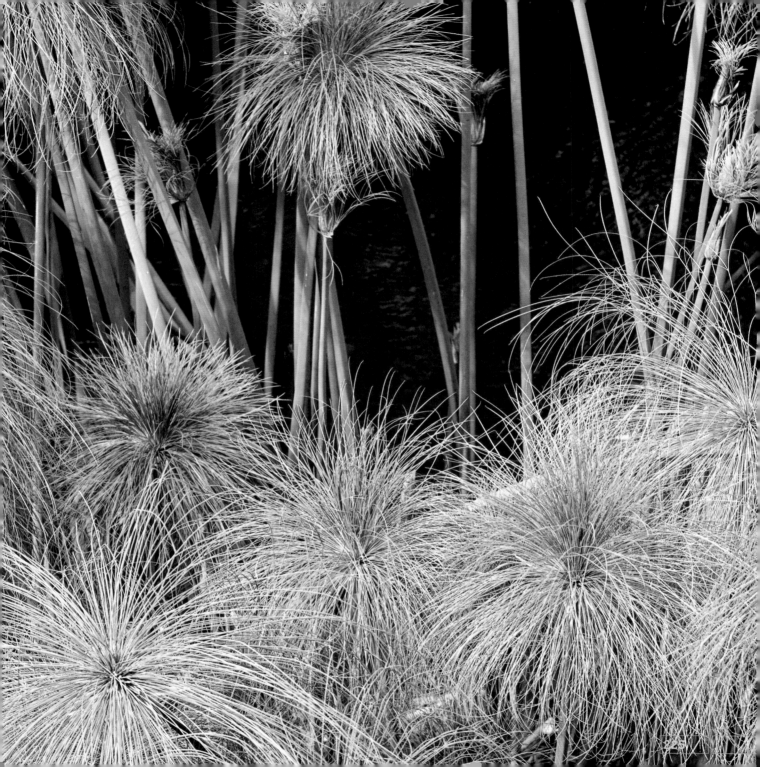

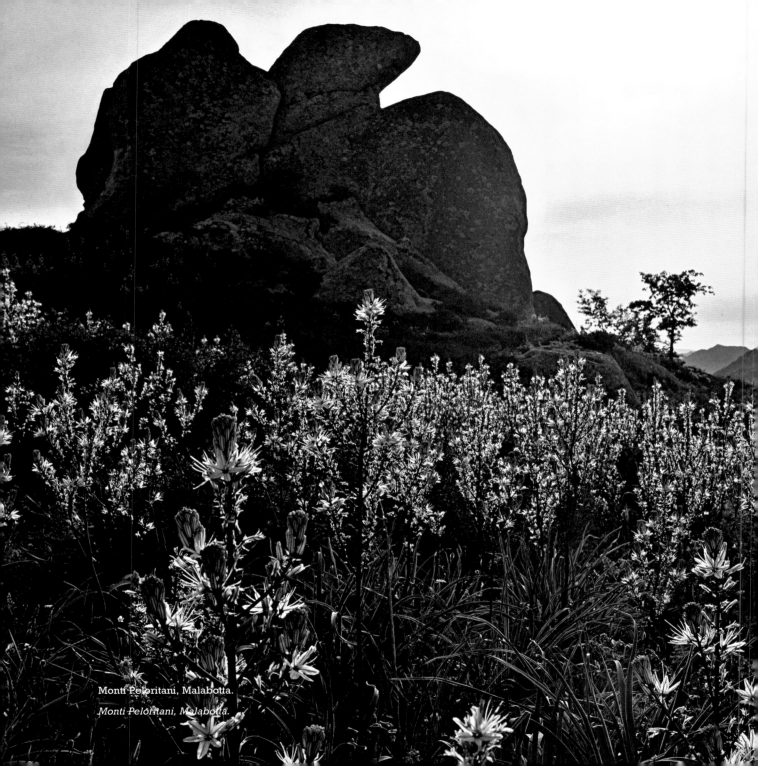

Monti Peloritani, Malabotta.

Monti Peloritani, Malabotta.

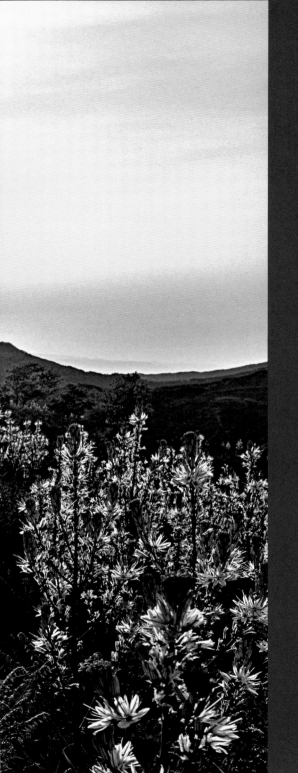

le onde hanno plasmato la roccia e creato
un litorale bizzarro e sorprendente

l'onda che
abbraccia la
pietra waves
embracing
stone

the waves have sculpted the rock creating a
bizarre and surprising coastline

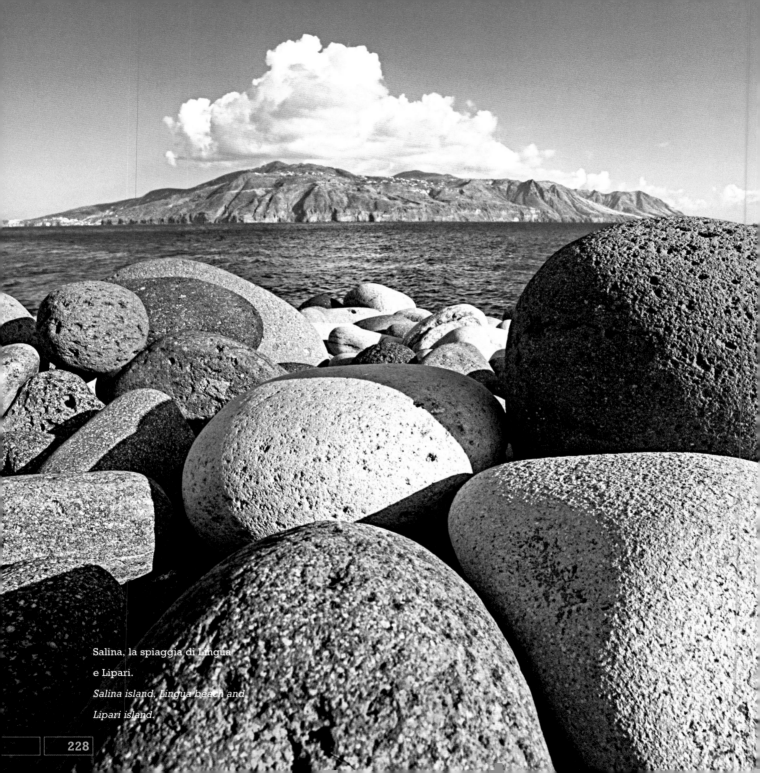

Salina, la spiaggia di Lingua
e Lipari.
Salina island. Lingua beach and
Lipari island.

Spesso, nella mia scoperta della Sicilia, ho voluto prendere una barca per staccarmi dalla terraferma e cogliere paesaggi altrimenti nascosti. Ho incontrato grandi spiagge, ma soprattutto tratti di roccia frastagliata dove il millenario andare delle onde ha dato vita a forme bizzarre e grandiose. A Filicudi un marinaio mi ha accompagnato con la sua barca in un susseguirsi di scogli affioranti e cavità. Prima tra tutte la bella grotta del Bue Marino, di obelischi circondati dal mare, come quello chiamato Canna, che ricorda nella forma una Madonna col Gesù. Nelle acque di Stromboli si trova invece lo scoglio più famoso di Sicilia: lo Strombolicchio. È il tappo di un cratere solidificatosi in mezzo al mare. La pietra aguzza s'impenna nell'aria per oltre cinquanta metri, lungo i quali sale una ripida scalinata, fino al faro posto in cima.

Whilst discovering Sicily, I often wanted to take a boat to get away from the mainland and catch a glimpse of landscapes that otherwise would remain hidden. I encountered wide beaches, but even better, lengths of coastline made up of jagged rocks sculpted into bizarre and majestic shapes by the lapping of the waves for thousands of years. In Filicudi a mariner took me in his boat through a series of surfacing rocks and cavities. First and foremost was the beautiful cave of the Bue Marino, then the obelisks surrounded by the sea, like the one called Canna, which recalls the form of the Madonna with Jesus. In the waters of Stromboli you can find the most famous reef in Sicily: the Strombolicchio, which is the top of a crater that solidified in the middle of the sea. The sharp stone rears into the air for more than fifty meters and has a long steep stairway leading up to the lighthouse set upon its peak.

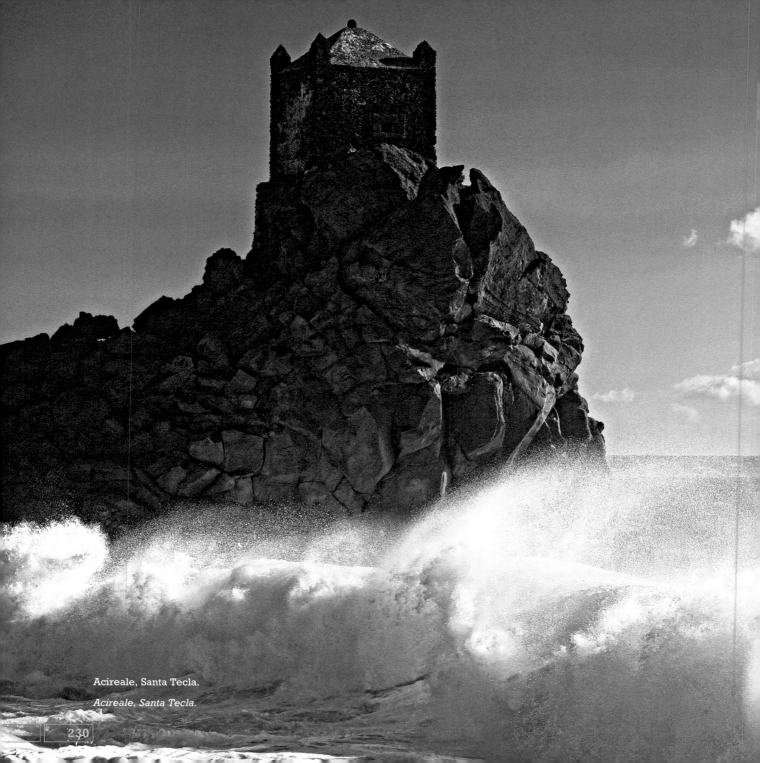

Acireale, Santa Tecla.

Acireale, Santa Tecla.

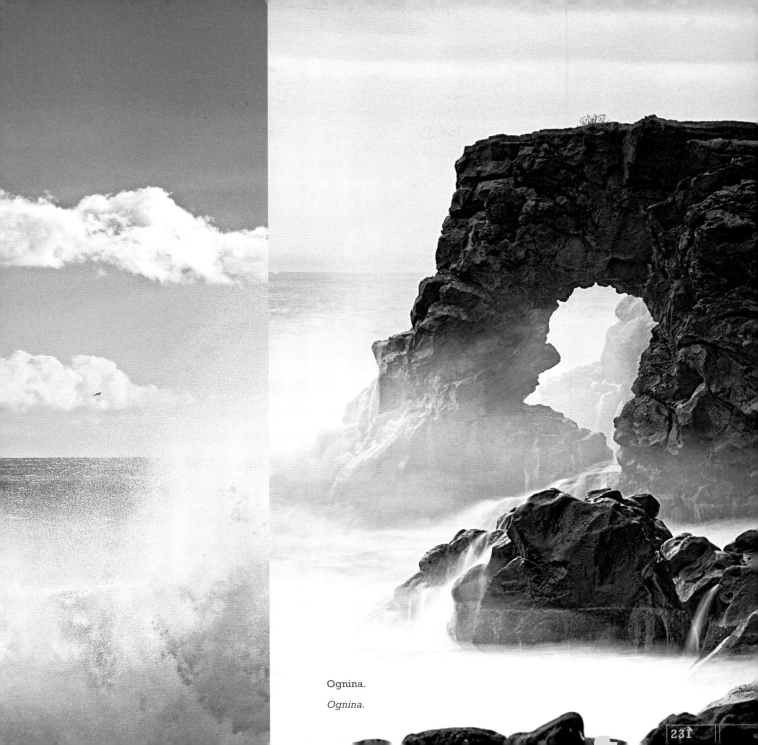

Ognina.

Ognina.

LA PIETRA LAVICA

La Sicilia e i suoi tanti vulcani, un'immagine unica. Ho capito la forza del legame tra questa terra e i vulcani quando ho visitato a Viagrande, vicino a Catania, il Museo della lava, un omaggio alla natura dell'isola e al fuoco che vi scorre dentro. Girando per la regione, poi, si può ammirare con i propri occhi la bellezza sublime e primordiale del magma solidificatosi in forme irregolari e levigato nei secoli dal mare e dal vento. Come nelle pittoresche gole del fiume Alcantara, create dal raffreddamento e dall'erosione di un'enorme colata. La pietra lavica finisce per far parte del ricco artigianato. È irresistibile la tentazione di acquistare una statuetta scolpita nella lava o una collana dai grossi grani neri come l'Etna, un souvenir di questa terra forgiata dal fuoco.

LAVA ROCK

Sicily and its many volcanoes are one. I understood the strength of the tie between this land and the volcanoes when I visited, near Catania, Viagrande, the lava museum that is a tribute to the nature of this island and to the fire that burns within. Moving about the region you can see with your own eyes the sublime and primordial beauty of the magma which has solidified into irregular forms and then has been smoothed by centuries of sea and wind, as in the picturesque gorges of the Alcantara river which were created by the cooling and erosion of a huge flow. The lava rock ends up being part of the tradition of local artisan work. It is hard to resist the temptation to buy a little statue carved in lava or a necklace with big beads as black as Mount Etna – fitting souvenirs from this land forged by fire.

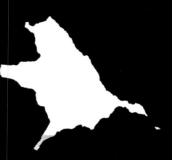

Stromboli, la grotta di Eolo.

Stromboli island, grotto of Aeolus.

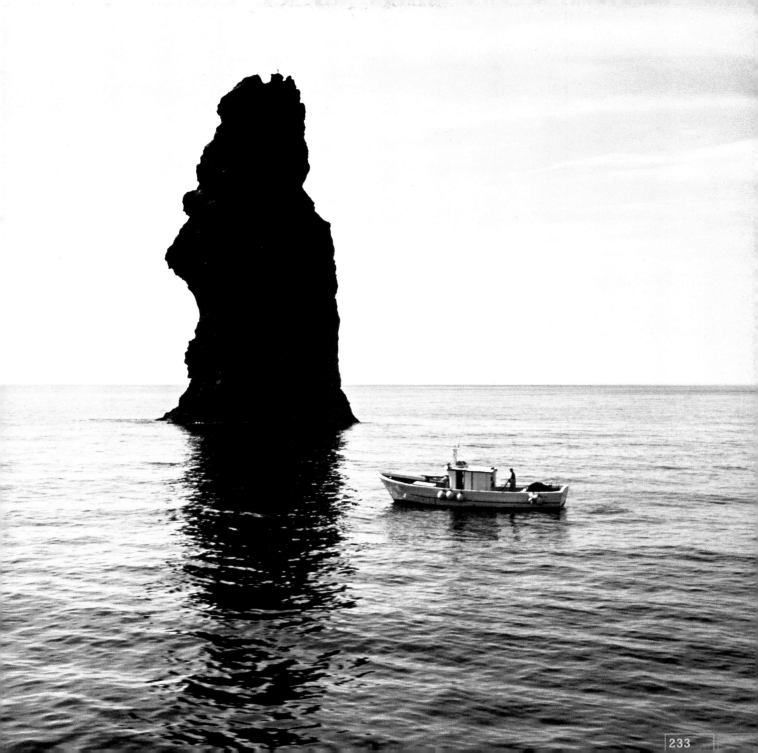

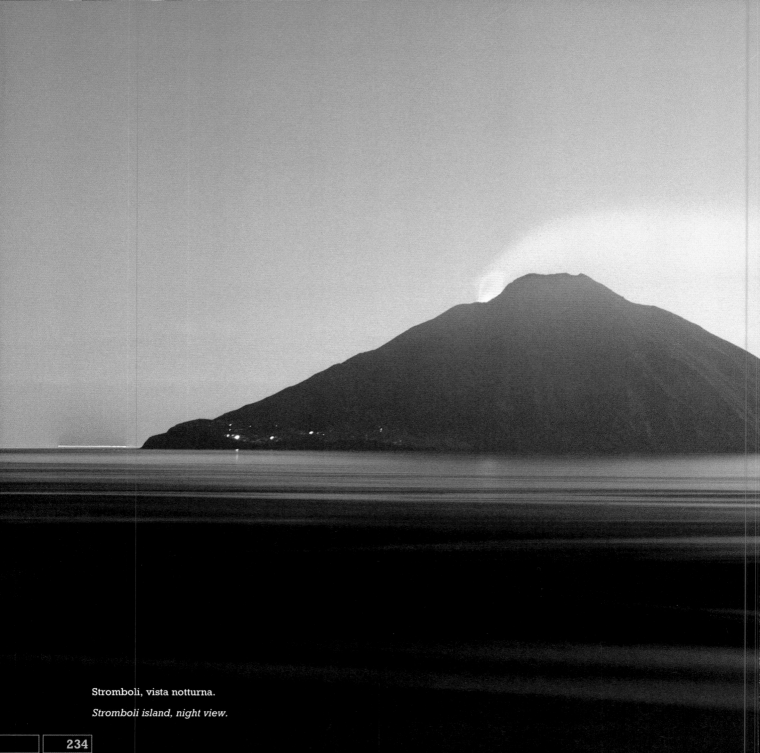

Stromboli, vista notturna.

Stromboli island, night view.

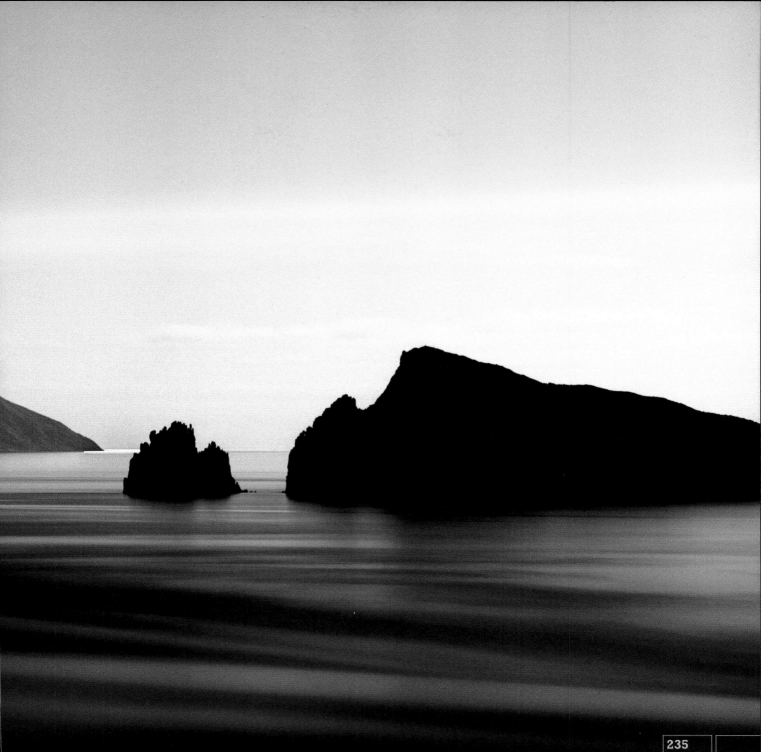

Alessandro Saffo, nato nel 1964, vive a Catania. Ha insegnato fotografia all'Istituto d'Arte e all' ANFE di Catania. Ha pubblicato una serie di libri fotografici dedicati principalmente alla sua terra, la Sicilia: Cercando la Sicilia (1989), Bimbi, (1989), Il Segno della Presenza (1990), Etna Akmè (2004), Strongyle (2006). Le sue fotografie sono rappresentate dall'agenzia "Simephoto" e sono state pubblicate nelle maggiori riviste italiane ed estere: Meridiani, Domus, Bell'Italia, Qui Touring, Specchio, Espresso.

Alessandro Saffo, was born in 1964 and lives in Catania, Sicily. He taught photography at the Istituto d'Arte and at ANFE in Catania. He has published a series of photographic books, mainly dedicated to his home, Sicily: Cercando la Sicilia (1989), Bimbi (1989), Il Segno della Presenza (1990), Etna Akmè (2004), Strongyle (2006). His photography is represented through the agency Simephoto and has been published in many magazines in Italy and other countries, e.g. Meridiani, Domus, Bell'Italia, Qui Touring, Specchio, Espresso.

Luisa Taliento, nata a Milano nel 1961. Dopo la laurea in Lettere moderne, presso l'Università degli Studi, ha seguito un corso universitario di specializzazione in giornalismo. Ha sempre amato girare il mondo e ha unito la passione per i viaggi alla professione. Dal 1993 scrive reportage da paesi lontani e articoli sulle nuove tendenze, dal benessere al design. Lavora per le maggiori testate italiane, come l'Espresso, Flair, I Viaggi del Sole, Style Magazine. Ha diretto il mensile Rodeo, il primo fashion free press in Europa. Per il gruppo editoriale l'Espresso e il Touring Club collabora alla stesura di guide turistiche ed eno-gastronomiche.

Luisa Taliento was born in Milan, Italy in 1961. After earning a degree in modern letters at the Università degli Studi of Milan, she took a post-graduate course in journalism. She has always enjoyed traveling and has been able to combine her passion for travel with her profession. Since 1993 she has been writing reportage from far away lands as well as articles on new trends in anything from well-being to design. She works for some major Italian newspapers such ad L'Espresso, Flair, I Viaggi del Sole and Style Magazine. She was director of Rodeo, the first European fashion free press. She has collaborated with the publishing group L'Espresso and Touring Club writing and food-and-wine guides.

Crediti fotografici

Tutte le immagini sono di Alessandro Saffo
ad eccezione di:

*All images were taken by Alessandro Saffo
except for:*

Antonino Bartuccio: interno copertina, p. 48, p. 52,
p. 60, p. 62, p. 63, p. 64, p. 68, p. 69, p. 71, p. 128,
p. 140, p. 142, p. 170, p. 173, p. 238

Guido Baviera: p. 129, p. 203

Massimo Borchi: p. 180, p. 198

Ferruccio Carassale: p. 200, p. 201

Matteo Carassale: p. 96, p. 109, p. 135, p. 233

Stefano Cellai: p. 215

Guido Cozzi: p. 36, p. 131, p. 172, p. 182,
p. 183, p. 188

Giuseppe Dall'Arche: p. 51, p. 196

Brian Daughton: p. 90, p. 181

Angelo Giampiccolo: p. 108

Paolo Giocoso: p. 28, p. 31, p. 32, p. 138, p. 185,
p. 213, p. 214

Laurent Grandadam: p. 126, p. 178, p. 186, p. 209,
p. 218, p. 219

Johanna Huber: p. 50, p. 54, p. 57, p. 58, p. 76,
p. 77, p. 78, p. 81, p. 92, p. 93, p. 95, p. 104, p. 106,
p. 136, p. 210, p. 211, p. 212

Thomas Julian: p. 82, p. 83

Riccardo Lombardo: p. 8, p. 38, p. 56, p. 114,
p. 208

Aldo Pavan: p. 72

Massimo Ripani: p. 30, p. 100, p. 102, p. 103,
p. 185, p. 216

Stefano Scatà: p. 45, p. 80, p. 95

Giovanni Simeone: p. 6, p. 39, p. 55, p. 74,
p. 76, p. 83, p. 93, p. 146, p. 147, p. 175, p. 186,
p. 189, p. 197, p. 202, p. 220, p. 222, p. 224,
p. 225, p. 234

Coordinamento editoriale

Giovanni Simeone

Testo

Luisa Taliento

Curatori

Elisabetta Feruglio, Aldo Pavan

Traduzione inglese

Paula Burt

Supervisione testo inglese

Karen May Irek

Grafica ed impaginazione

What! Design

Prestampa

Fabio Mascanzoni

Le foto sono disponibili sul sito www.simephoto.com
Images are available at www.simephoto.com

ISBN 978-88-95218-01-4
Agente esclusivo Italia: Atiesse S.N.C.
www.simebooks.com - Tel: +39 091 6143954

IX RISTAMPA 2018

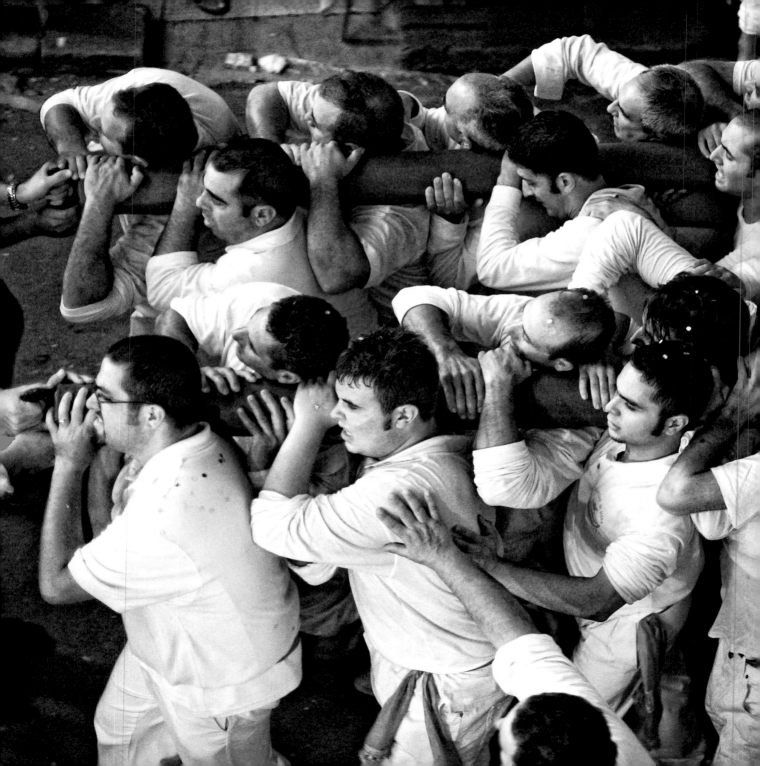

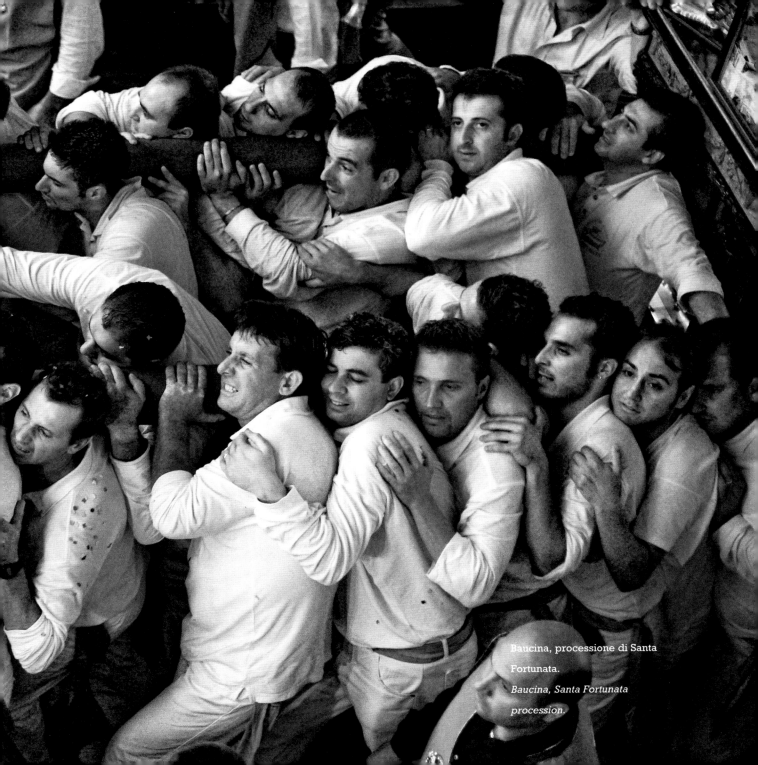

Baucina, processione di Santa Fortunata.
Baucina, Santa Fortunata procession.